Astrología

PARA PRINCIPIANTES

Geoffrey Cornelius, Maggie Hyde y Chris Webster
Editado por Richard Appignanesi

ERA NACIENTE
Documentales Ilustrados

Astrología para Principiantes ®

Título en inglés: Astrology for Beginners, publicado por Icon Books Ltd., Grange Road, Duxford, Cambridge CB24QF, United Kingdom,
E-mail: icon@mistral.co.uk

Traducción: Paula Grossman
Letras: Alejandro Piro

Para Principiantes®
es una colección de libros de
Era Naciente SRL
fax (5411) 4775-5018
www.errepar.com/principiantes

Director de la colección: Juan Carlos Kreimer
E-mail: kreimer@ciudad.com.ar

Queda hecho el depósito que prevé la Ley 11723.
ISBN 987.9065.18-2

Esta edición se terminó de imprimir en los talleres de **Errepar**, en Buenos Aires, República Argentina, en el mes de enero del 2000.

ASTROLOGIA

Es la observación e interpretación de la correspondencia entre el mundo natural y humano, abajo, y los cielos, arriba.

La astrología aparece prácticamente en todas las culturas del mundo con diferentes formas. Interrelaciona elementos de mitología, astronomía, matemática, numerología, filosofía, profecía y religión. Ha sido parte del vocabulario intelectual de la élite culta en varias épocas anteriores a la nuestra. Es más antigua que la ciencia y no hay signos de que tienda a desaparecer. Bajo la forma de horóscopos en diarios y revistas sigue teniendo la misma difusión y popularidad de siempre.

Imposible ignorar la hostilidad que genera la astrología.

Guía del libro

Entonces, ¿qué es la astrología y a qué se deben las controversias que ha provocado? Analizaremos este tema siguiendo primordialmente su desarrollo en Europa, y en Occidente en general a fin de averiguar cuál es su situación actual y hacia dónde va.

Parte I ***¿Cuál es la Gran Idea?*** pág. **6**
—de dónde proviene la astrología y cuál fue su evolución

Parte II ***Manual de Astrología*** pág. **50**
—astrología práctica: símbolos claves

Parte III ***Interpretación de Cartas Natales*** pág. **89**
—cómo leer un horóscopo

Parte IV ***El Universo del Astrólogo*** pág. **114**
—qué hacen y qué no hacen los astrólogos

Parte V ***El Debate Moderno*** pág. **147**
—la astrología sobre el tapete. Principales teorías en boga y cómo se relaciona la astrología con las ciencias naturales, la psicología y la parapsicología.

PARTE I: LA GRAN IDEA

Conciencia del Cielo en los albores de la historia

Resulta ilusorio juzgar los conocimientos de las civilizaciones antiguas partiendo de **nuestra** discriminación entre astronomía, astrología y astro-mitología.

Tomemos el caso de Stonehenge, que es uno de los observatorios más impresionantes de la Edad de Piedra. En el solsticio de verano el Sol sale directamente sobre el talón del Fraile o “piedra del Sol”... pero esto es sólo lo sencillo del asunto.

Las partes más antiguas de la estructura, que datan del año 3000 a.C., revelan una comprensión exacta de los fenómenos de salida y ocultamiento de la Luna. Según Gerald Hawkins y el astrónomo Fred Hoyle, Stonehenge también funciona como **calculadora de eclipses**, mediante el empleo de indicadores que se desplazan en torno a los 56 Huecos de Aubrey.

Esto resulta extraño, pues predecir eclipses requiere vastos conocimientos sobre el ciclo de 18,6 años de los **Nodos Lunares**; pero... ¿para qué se iban a molestar los Picapiedras? Total, la mayoría de los eclipses ni siquiera son visibles. Debe de haber algo más que un interés astronómico en todo esto.

Nodos lunares - Definición: intersecciones de la órbita lunar con el plano orbital del Sol alrededor de la Tierra, la eclíptica.

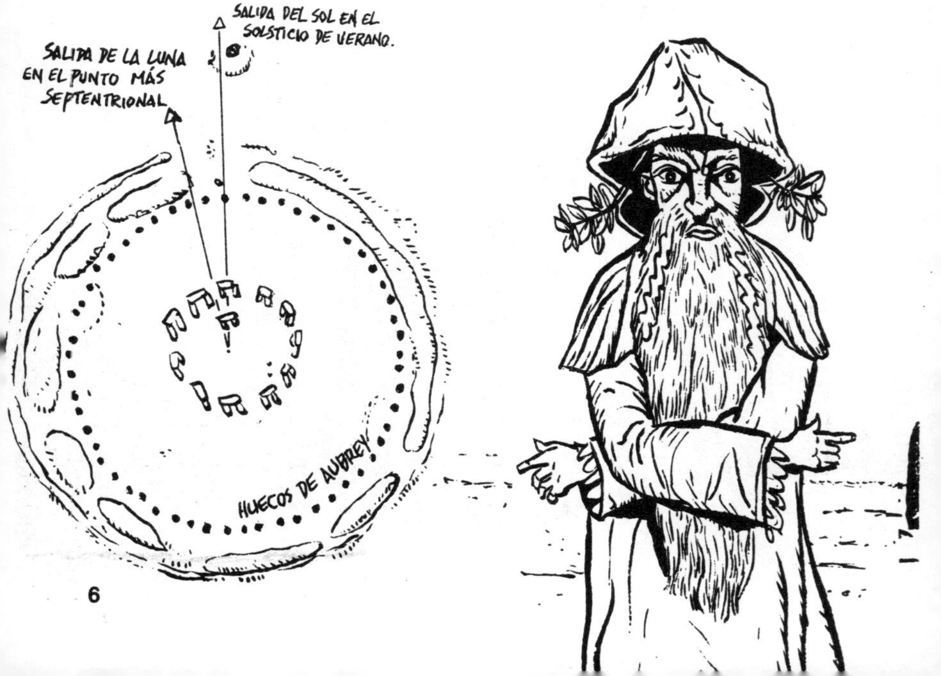

Los nodos lunares se denominan Cabeza de Dragón y Cola de Dragón.

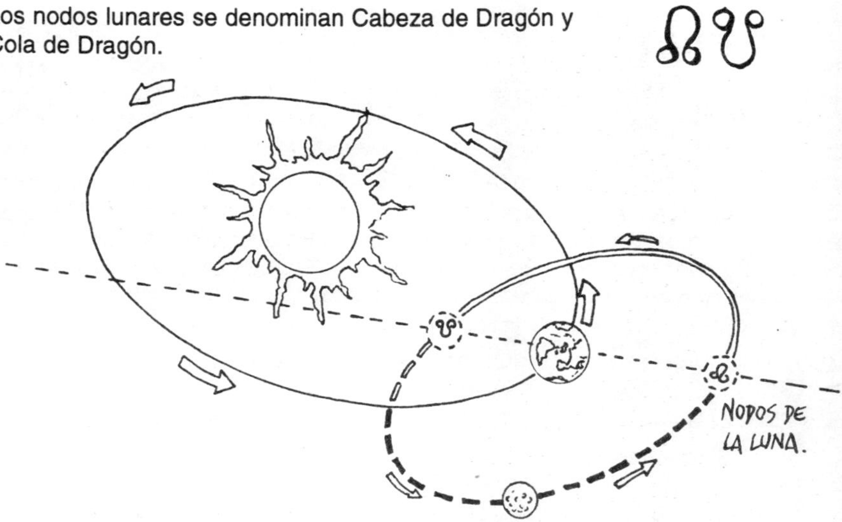

Desde los tiempos más remotos, el terrible espectáculo de un dragón o serpiente que se traga al Sol y a la Luna —las luces del cielo— fue presagio de crisis para la humanidad. En la astrología moderna, los eclipses siguen teniendo el mismo significado.

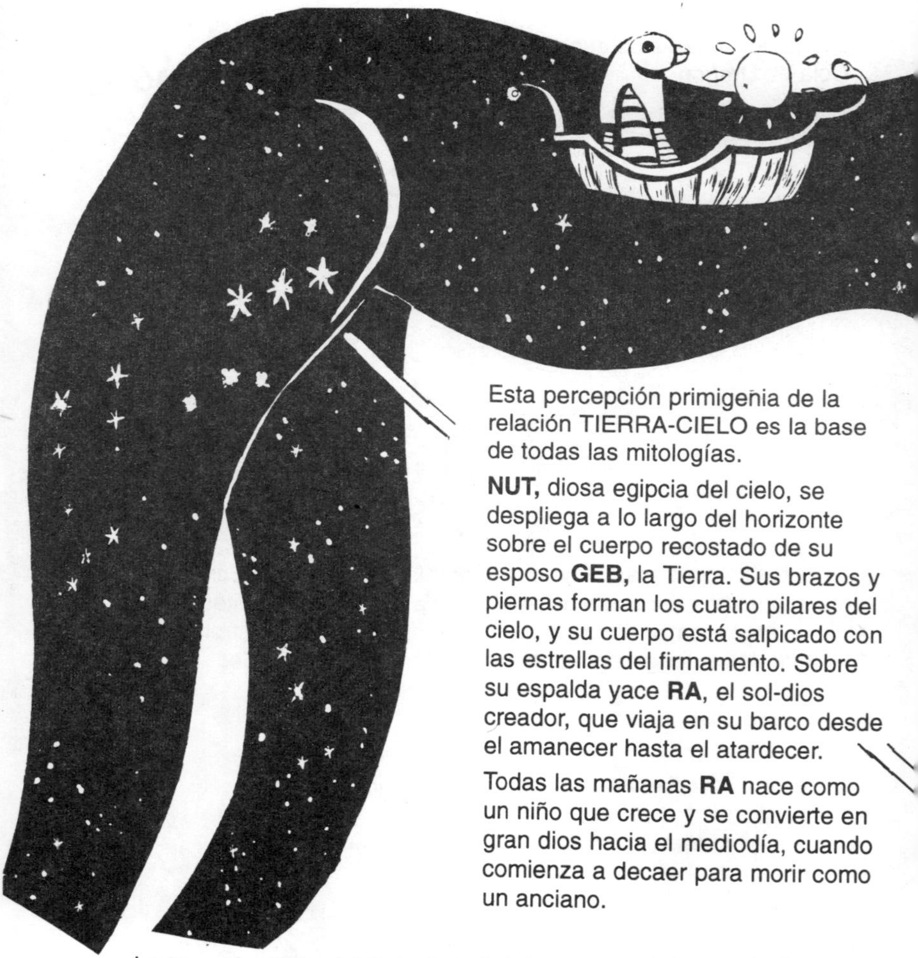

Esta percepción primigenia de la relación TIERRA-CIELO es la base de todas las mitologías.

NUT, diosa egipcia del cielo, se despliega a lo largo del horizonte sobre el cuerpo recostado de su esposo **GEB,** la Tierra. Sus brazos y piernas forman los cuatro pilares del cielo, y su cuerpo está salpicado con las estrellas del firmamento. Sobre su espalda yace **RA**, el sol-dios creador, que viaja en su barco desde el amanecer hasta el atardecer.

Todas las mañanas **RA** nace como un niño que crece y se convierte en gran dios hacia el mediodía, cuando comienza a decaer para morir como un anciano.

La travesía diaria del Sol, símbolo básico en toda la astrología, constituye la metáfora más difundida para representar el nacimiento, la culminación, la decadencia y la muerte...

LOGROS / AUTORIDAD
mediodía

FORMACION
amanecer

MUERTE
atardecer

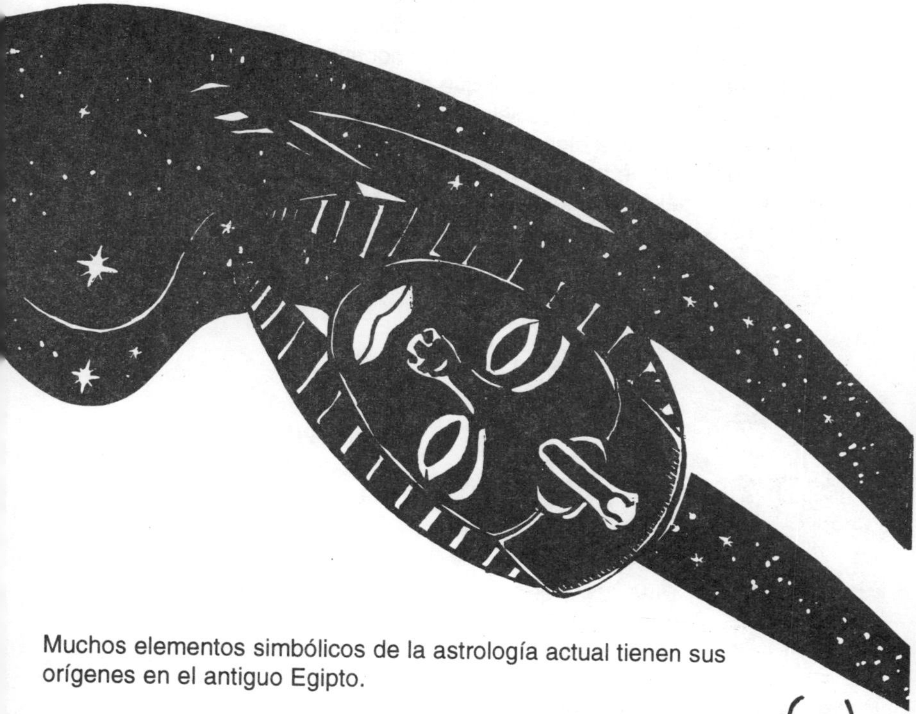

Muchos elementos simbólicos de la astrología actual tienen sus orígenes en el antiguo Egipto.

Cáncer KHEPHRI, dios escarabajo del renacimiento y cambio: jeroglífico

signo del agua fértil, CANCER, en la astrología posterior.

El escarabajo aparece todos los años cuando bajan las aguas del Nilo; indica la renovación de los cultivos.

Las Grandes Pirámides (aprox. 2500 AC) son el ejemplo más claro de la relación entre la religión egipcia y las estrellas. Ellas muestran alineamientos exactos entre el cinturón de Orión (Osiris) y la estrella Sirio (Isis, hermana y consorte de Osiris). A su muerte, el dios-rey de Egipto, el Faraón, era identificado con Osiris mediante un ritual y fertilizaba a Isis en un acto sexual con las estrellas.

Mesopotamia: astrología y adivinación

La astrología arcaica se desarrolló en el contexto de la **adivinación.** La primera forma de adivinación, que data del 3er. milenio AC, era la lectura de las entrañas, especialmente del hígado extraído de animales ofrendados a algún dios en sacrificio. Se señalaban las regiones del cielo en los hígados; el augur que leía los presagios del cielo y de los pájaros, el lector de hígados y el astrólogo tienen en común métodos y creencias religiosas.

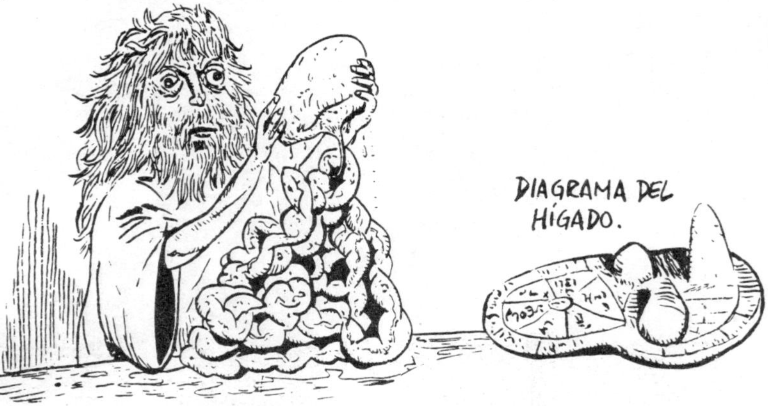

El destino es negociable

Es posible propiciar la voluntad de los dioses, quienes, al igual que un rey, pueden alterar el decreto divino. La adivinación no es el pronóstico de un futuro predeterminado, sino una **consulta con los dioses.** Por lo tanto, se trata de un acto religioso.

Los augurios celestes se registraban regularmente; en el primer milenio AC, los conocimientos astronómicos tuvieron un desarrollo constante.

De la astrología arcaica a la clásica

El ZODIACO, compuesto por doce signos de 30 grados cada uno, apareció en Babilonia (un reino de la Mesopotamia) alrededor del siglo V AC. Existen prototipos de **horóscopos** (diagramas de los cielos para un momento determinado) que datan de fines del siglo V AC.

La astrología estuvo asociada especialmente con los **caldeos** del sur de Babilonia, y el término "caldeo" se volvió sinónimo de "astrólogo".

A partir del año 334 AC., con las conquistas de Alejandro Magno la influencia griega se expandió ampliamente desde Asia Menor y Egipto, pasando por la Mesopotamia e Irán, hasta el norte de la India. El Egipto helenizado (que recibió la influencia griega) se convirtió en el centro de la astrología; allí las antiguas costumbres astrales egipcias y babilónicas fueron reelaboradas para dar nacimiento a la nueva ciencia y filosofía griegas.

La astrología griega reemplazó sus propios nombres descriptivos de los planetas por los nombres mitológicos tomados de las creencias babilónicas. Las asociaciones establecidas con los antiguos dioses griegos crearon una singular mitología planetaria autónoma. La astrología posterior emplea los equivalentes latinos de estos dioses planetarios griegos.

• **Saturno** (en griego, estrella de **Cronos**), de movimiento lento; los babilónicos lo asociaban con **NINURTA**, un dios guerrero. También era supervisor del destino. La etimología popular relacionaba a Cronos con el dios del Tiempo, de igual nombre.

• **Júpiter** (en griego, estrella de **Zeus**) es un aspecto del dios babilónico **MARDUK**, asesino del dragón, redentor del mundo, pastor de las estrellas y amo del viento y las tormentas.

• **Marte** (en griego, estrella de **Ares**) es un aspecto del dios babilónico **NERGAL**, que aniquila con guerra y enfermedades. Uno de sus nombres significa "saciado con cadáveres"; el rojo, su color, se asocia con la sangre y el hierro.

• **Venus** (en griego, estrella de **Afrodita**) es la diosa babilónica **ISHTAR**, y conserva su lado femenino y sexi (cf. **venéreo**). Esta diosa también traía la paz, a veces mediante la victoria en la guerra.

• **Mercurio** (en griego, estrella de **Hermes**) es el dios babilónico **NABU**, el heraldo, patrono de la escritura y la erudición, y un dios de compra y venta (cf. **merc**ader).

• **Sol** y **Luna** (en griego, **Helios** y **Selene**) son los dioses masculinos babilónicos **SHAMASH** y **SIN**. No dependen tanto de las interpretaciones babilónicas; sin embargo, los griegos tomaron de la astronomía babilónica el papel que asignaron al Sol como "conductor" o regulador de los planetas.

La astrología greco-egipcia del siglo III AC desarrolló la secuencia planetaria conocida como "el orden caldeo", que constituyó el modelo del cosmos hasta los tiempos de Copérnico, siglo XVI. Dicho modelo ubica a los planetas en un orden relativo de acuerdo con sus movimientos visibles y define las supuestas distancias que los separan de la Tierra.

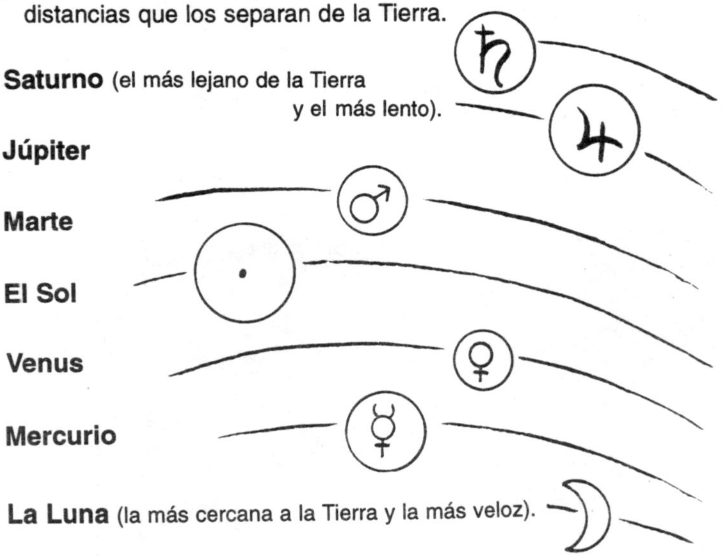

Un sistema completo de correspondencias astrológicas

Los planetas gobiernan el **TIEMPO.** La semana de siete días fue establecida asignando a cada día el nombre de un planeta. Muchos de los nombres de los días en inglés derivan de los equivalentes teutónicos de los dioses grecorromanos.

Sun-day / Domingo — *Sun* / Sol

Mon-day / Lunes — *Moon* / Luna

Tues-day / Martes — TIW, *Mars* / Marte

Wednes-day / Miércoles — WOTAN, *Mercury* / Mercurio

Thurs-day / Jueves — THOR, *Jupiter* / Júpiter

Fri-day / Viernes — FRIGG-FREYA, *Venus* / Venus

Satur-day / Sábado — SATURN / Saturno

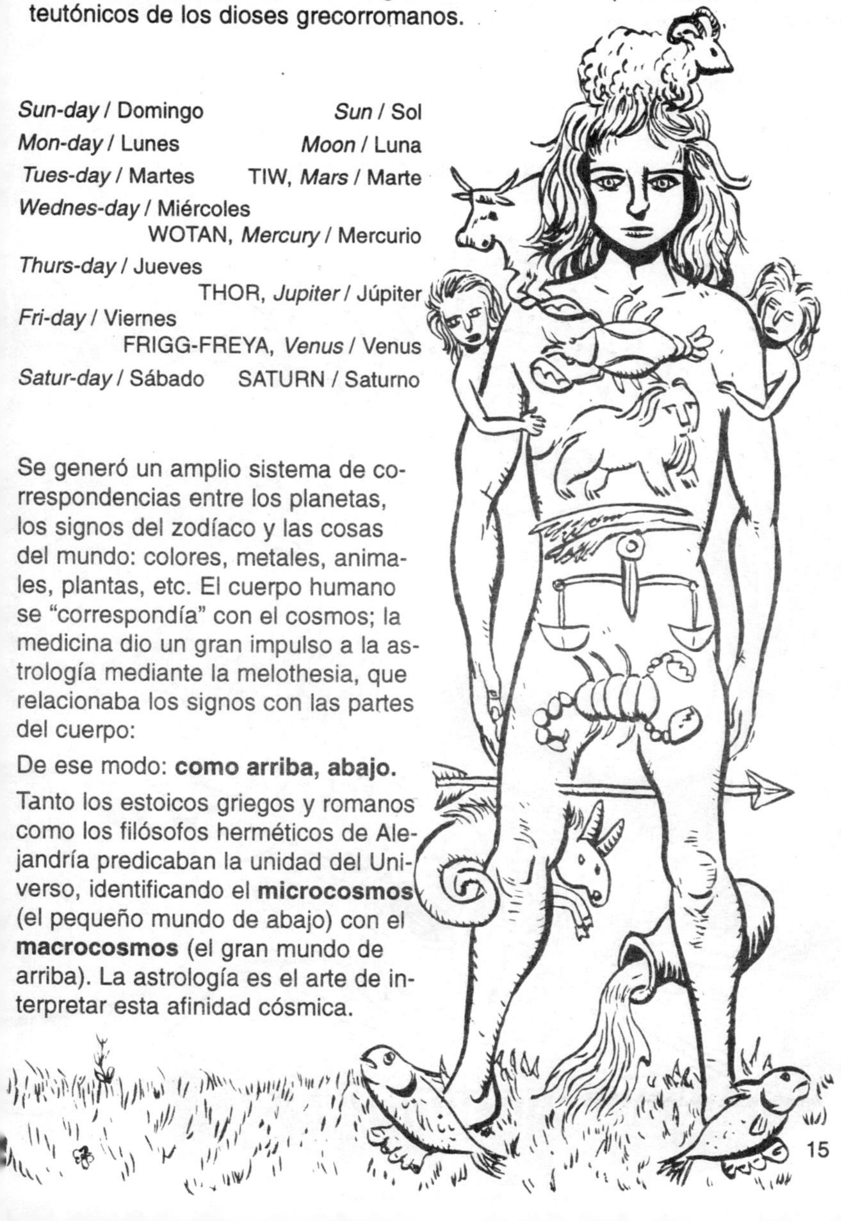

Se generó un amplio sistema de correspondencias entre los planetas, los signos del zodíaco y las cosas del mundo: colores, metales, animales, plantas, etc. El cuerpo humano se "correspondía" con el cosmos; la medicina dio un gran impulso a la astrología mediante la melothesia, que relacionaba los signos con las partes del cuerpo:

De ese modo: **como arriba, abajo.**

Tanto los estoicos griegos y romanos como los filósofos herméticos de Alejandría predicaban la unidad del Universo, identificando el **microcosmos** (el pequeño mundo de abajo) con el **macrocosmos** (el gran mundo de arriba). La astrología es el arte de interpretar esta afinidad cósmica.

Impacto de la Astrología en el Pensamiento Griego

Los griegos encontraron en la astrología la expresión de un COSMOS ordenado, consciente y divino. Esta es la idea clave subyacente en el más importante estudio griego sobre la cosmología astrológica, el **Timeo** de Platón (aprox. 360 AC.). En él se establece el entorno poético y filosófico en el que se desarrollará la astrología posterior.

En el **Timeo** se relata que el Demiurgo, el dios-creador, creó el mundo a partir de cuatro elementos: fuego, tierra, aire y agua. Le dio la forma y el movimiento más perfecto, una esfera que rotaba sobre su propio eje. Este "mundo" no está formado solamente por la Tierra en el centro. Abarca todo el cielo visible que se encuentra por encima de nosotros, la ESFERA CELESTE que parece girar a nuestro alrededor una vez por día.

Todo en la creación tiene EXISTENCIA. Además, todo es IDENTICO a algo o DIFERENTE de algo. Así, las tres categorías lógicas básicas que nuestra mente puede comprender con respecto a cualquier cosa son la Existencia, la Identidad y la Diferencia.

Cuando el Demiurgo creó la realidad (el MUNDO), le dio un alma —el alma del mundo— que es una mezcla de la Identidad y la Diferencia con la Existencia.

Luego el Demiurgo dividió el alma del mundo en dos mitades, creando dos franjas circulares, dispuestas en forma oblicua entre sí. Estas franjas de "materia de alma", inclinadas en un ángulo de 23 1/2 grados, forman en la esfera celeste los grandes círculos del ECUADOR y de la ECLIPTICA. El Demiurgo los hizo rotar.

La franja primaria exterior, el Ecuador, que es única y no tiene subdivisiones, rota siguiendo el movimiento de la esfera celeste. El suyo es el movimiento de lo IDENTICO.

La franja oblicua interior, la Eclíptica, rota en dirección contraria y el suyo es el movimiento de lo DIFERENTE. Se subdivide en siete círculos desiguales, que forman los círculos o esferas del Sol, la Luna y los planetas. Estos siete círculos se corresponden proporcionalmente con los intervalos de la octava musical.

La idea de una **armonía de las esferas** presente en el alma del mundo ha fascinado a los cosmólogos de todas las épocas.

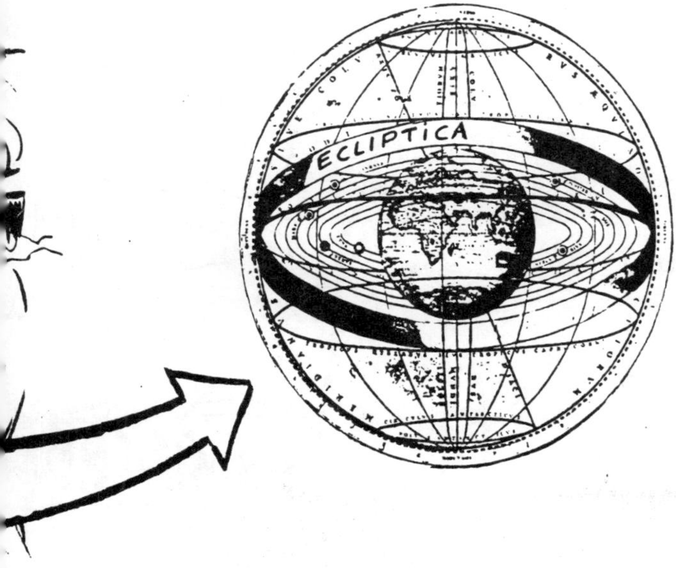

La Filosofía en los Cielos

Mediante interpretaciones propias, Platón halló razón y lógica en los movimientos de la esfera celeste. ¿Cómo es eso?

La materia de alma del mundo es una sola. Cuando un individuo emplea sus facultades intelectuales más elevadas, el movimiento de su alma se une en forma inmediata con los movimientos celestiales del alma del mundo. Si conocemos la IDENTIDAD de las cosas es porque estamos en contacto con el Ecuador. Si conocemos la DIFERENCIA entre las cosas es porque estamos surcando la Eclíptica y los planetas.

La Siembra de Almas

Luego de haber creado los dioses planetarios, el Demiurgo tomó los restos de materia de alma y los distribuyó entre las estrellas. ¡Y el resultado somos **nosotros**! Cada uno de nosotros tiene su propia estrella, y antes de que encarnáramos en cuerpos humanos se nos mostró cómo funciona el cosmos. Así es que la contemplación de los cielos nos ayuda a recordar vagamente lo que yace debajo del mundo corriente de nuestros prosaicos sentidos.

Por lo tanto, estudiar las estrellas implica estudiar el alma.

Las IDEAS de Platón

La astrología mística posterior toma de **Platón** la noción de las **IDEAS**, o Formas Ideales, de las cosas que integran el mundo que nos rodea. Los signos del zodíaco se conciben como expresiones de ideas.

Aristóteles (384-322 AC.) es el Grande de la filosofía antigua. Formuló una teoría que abarca casi todo lo existente. Construyó un entorno cósmico derivado del pensamiento de Platón, pero su misticismo superó al de este último y proveyó a la astrología posterior de todos los elementos necesarios para brindar una explicación **racional y causal**.

Aristóteles afirma que la Esfera Celeste es el Ser más perfecto. Su rotación, iniciada por el Creador, es el Primer Movimiento *(Primum Mobile)* el origen último de cualquier otro movimiento. Sin embargo, este movimiento único y constante no alcanza por sí sólo para explicar las idas y venidas del mundo de abajo.

Aun así, no se justifica el caos de abajo. Lo que ocurre sobre la Tierra es más alborotado que los ordenados cambios celestiales. Las cosas de abajo son imperfectas, y una buena parte de los cambios son contingentes; accidentes azarosos acortan o alargan la vida de los seres.

Sin embargo, a la larga todo responde a los ciclos celestes.

El Destino y las Estrellas

Si los planetas rigen el TIEMPO y los cielos de arriba se corresponden con el mundo de abajo, de ello se infiere que los movimientos planetarios pueden trazar un esquema divino o estructura del Destino. Los astrólogos primitivos denominan **revelación** a su materia de estudio, y consideran que la contemplación de los cielos es la más elevada de las artes.

Según el razonamiento de Aristóteles, no podemos afirmar que los cielos gobiernen los detalles minúsculos de la vida de abajo.
No obstante, existe otra corriente en la astrología primitiva.
El romano Manilio (que escribe su poema **Astronomica** entre los años 9 y 15 DC.) es un ejemplo típico del **fatalismo** estoico agregado a la astrología.

"El destino rige al mundo, todas las cosas se encuentran fijas y obedecen leyes inmutables... da la vida a los hombres y en el momento de nacer determina los años que vivirán y los cambios que sufrirá su fortuna."

Astrología Judiciaria

Ahora todos los elementos de la astrología clásica están en su lugar. En la antigüedad casi nadie dudaba de la conexión directa y coherente entre los cielos y el mundo de abajo. Este punto de vista halló su expresión en las cosmologías de Platón y Aristóteles. Así, la cosmología griega reforzó las **correspondencias planetarias y zodiacales**, aplicadas a los mundos natural y humano. A su vez, dichas correspondencias dan lugar al **arte de emitir juicios** sobre el destino individual, conocido más tarde como la ASTROLOGIA JUDICIARIA. Su herramienta principal es el HOROSCOPO.

Hasta la Edad Media, los fundamentos cosmológicos de la astrología tomados del pensamiento de Platón y Aristóteles continuaron justificando la doctrina de las correspondencias, y la HOROSCOPIA.

Las principales formas de la astrología judiciaria fueron establecidas alrededor del siglo I DC. La astrología natal fue la más importante, pero también se extraían juicios a partir del horóscopo de la concepción (cuando se lo conocía).

Otra clase de astrología fue la denominada **INICIATIVAS,** que incluía lo siguiente:

Inicio: horóscopo para el comienzo de una empresa o actividad, fundación de una ciudad, etc., a fin de determinar sus perspectivas. Esto se relaciona íntimamente con la idea de:

Elección: selección anticipada del mejor momento para iniciar un emprendimiento cualquiera.

(Interrogatorio) **Horario**: horóscopo para el momento en que se indaga al astrólogo en busca de consejos acerca de cómo actuar, o de una respuesta por sí o por no.

Decumbiture: horóscopo para el momento de la aparición de una enfermedad, con el fin de dar un diagnóstico y establecer las fases críticas y el tratamiento adecuado.

La palabra griega para esta clase de astrología era **Katarche** (pronunciada KA-TAR-KEY; plural: katarchai) = "iniciativa". El término *katarche* tiene una connotación augural, y sugiere que los astrólogos katárticos veían su práctica bajo una luz divina y religiosa. Esta concepción no conlleva la idea de un futuro **predestinado,** y da cabida al libre albedrío a través de la elección humana.

Estos fueron los antecedentes del reordenamiento definitivo de la astrología clásica llevado a cabo por **Tolomeo.**

Claudio Tolomeo

Claudio Tolomeo (aprox. 100 - 178 DC.) era un egipcio que vivía en Alejandría en la época del dominio romano y escribía en griego. Siguiendo el plan fundamental de Aristóteles, se convirtió en el arquitecto del universo medieval y su teoría de los movimientos planetarios estuvo vigente hasta la aparición de Copérnico, 1.400 años más tarde.

Los **Tetrabiblos** de Tolomeo (los "Cuatro Libros") incorporan a la astrología judiciaria la autoridad científica de Aristóteles, y al mismo tiempo dan los fundamentos para los horóscopos de la **concepción** y del **nacimiento**.

Teoría de Tolomeo

Los movimientos del Sol de estación en estación causados por el ciclo anual Tierra-Sol afectan al **éter**, sustancia que impregna en su totalidad el cielo y la tierra. Esta influencia estacional aparece representada en las diferentes características de los signos del zodíaco. También se ven afectados los cuatro elementos y, a través de ellos, todos los seres reciben la influencia de los cielos.

Existen **dos órdenes de influencia astrológica**. El primero es **universal,** y causa "estados periódicos": guerras, hambrunas, pestes, terremotos e inundaciones. El segundo es **particular** y tiene lugar cuando el poder universal de los cielos se imprime para siempre en una semilla en su momento de mayor recepción, el instante de la fertilización o concepción. A medida que la semilla crece, manifiesta la cualidad de ese momento, desplegándose en el tiempo en relación con los planetas.

Tolomeo extiende este razonamiento para dar una explicación naturalista del horóscopo del nacimiento. El nacimiento ocurre en armonía con la concepción; por lo tanto, los horóscopos de la concepción y del nacimiento se corresponden.

En la astrología tolemaica sólo se contempla la emisión de juicios acerca de un destino en particular a partir del horóscopo de un "momento simiente", como **literalmente** se lo llama. Este es el verdadero comienzo del tiempo de todo ser, su **origen causal-temporal**.

Sin embargo, ello descarta las formas de horóscopo basadas en el *katarche* (iniciativa), especialmente la horaria. El momento en que se formula una pregunta no suele ser el origen causal de lo que se desea saber.

A partir de Tolomeo aparecen tensiones en la astrología judiciaria entre las formas que pueden racionalizarse, en general, en el marco del esquema aristotélico —en especial la astrología natal— y las que desafían la lógica de los orígenes causal-temporales.

Ya en esta etapa aparece la escisión entre la astrología como ADIVINACION y la astrología como CIENCIA.

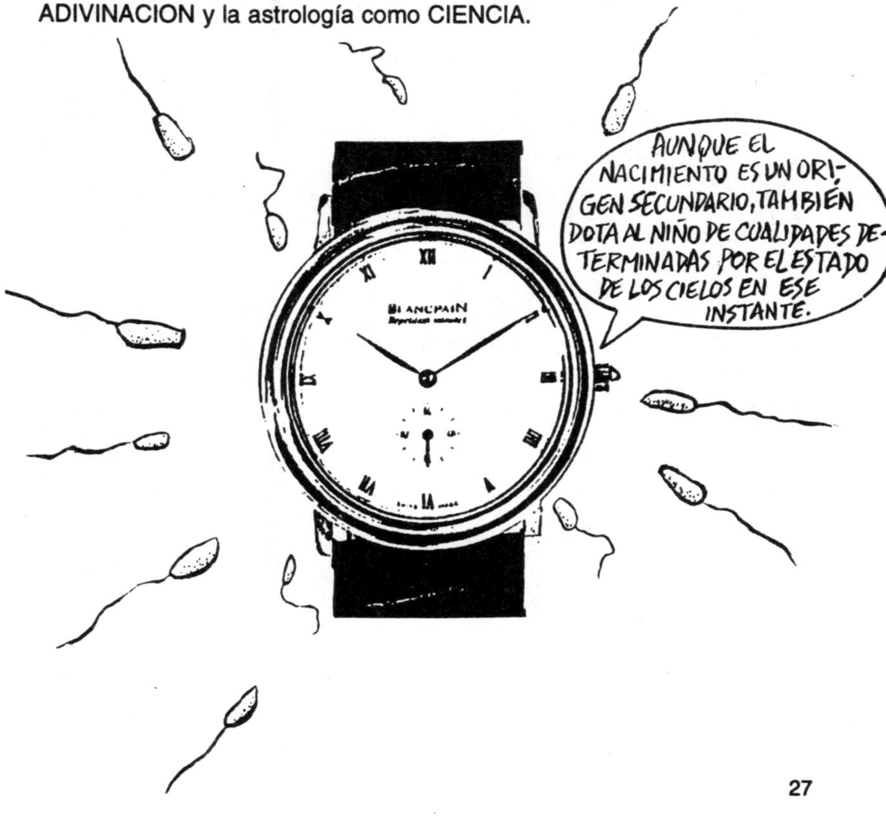

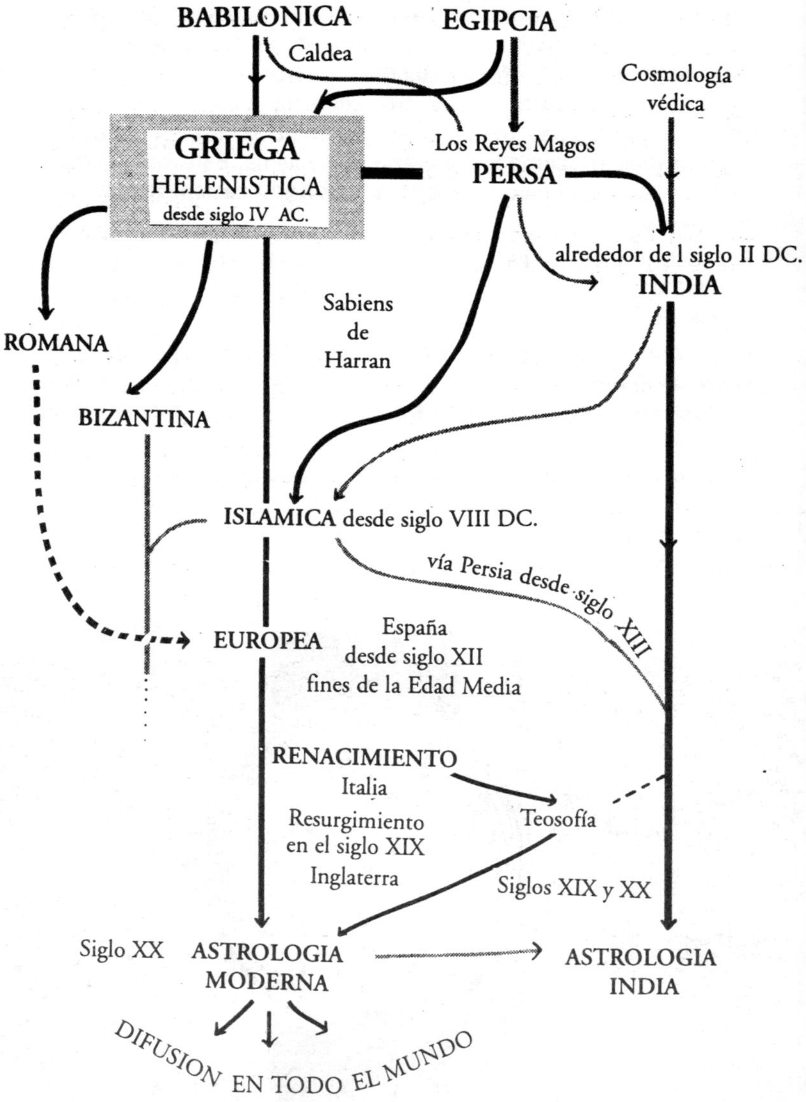

Evolución Histórica de la Astrología Europea e Hindú

(Aunque la "astrología china" es relativamente distinta de las formas indoeuropeas, quizá tenga en común con ellas algunos orígenes arcaicos.)

La estructura principal de la astrología ya se había erigido hacia el siglo III d.C. Veamos algunos de los temas y cuestiones controvertidas que surgieron durante su desarrollo posterior.

La astrología griega es el punto de partida de la tradición conservadora de la **astrología hindú**, que florece en las culturas hinduista y budista de la India y sudeste de Asia. No obstante, las tradiciones indias e islámico-europeas difieren en su manera de definir el **zodíaco**.

Los Signos del Zodíaco son doce segmentos de la ECLIPTICA de 30 grados cada uno; pero ¿dónde empieza el primer signo, Aries?

Como el ECUADOR y la ECLIPTICA forman entre sí un ángulo fijo, existen dos ocasiones al año en las que el Sol, que se desplaza por la Eclíptica, se cruza con el Ecuador, alrededor del 21 de marzo y del 21 septiembre. En ambos casos tiene lugar un EQUINOCCIO: el día y la noche [=nox] duran lo mismo.

El movimiento del Sol de equinoccio a equinoccio es fundamental para el ritmo anual de cambio de estaciones. Esto justifica que se tome como punto de partida del zodíaco el equinoccio de primavera, que en el hemisferio norte tiene lugar alrededor del 21 de marzo. A este punto en el que la Eclíptica se cruza con el Ecuador se lo denomina "el primer punto de Aries", y los doce signos se cuentan a partir de él.

Precesión

Lo que sigue constituye el mayor dolor de cabeza para los astrólogos novatos. Originariamente los SIGNOS tomaron su nombre y gran parte de su simbolismo de las constelaciones (agrupamientos imaginarios) de estrellas fijas que se hallan a lo largo de la eclíptica. Sin embargo, cuando se compara el punto del equinoccio con las constelaciones ubicadas en el fondo, se advierte que **no está** fijo. Debido al fenómeno de **precesión del equinoccio** este punto, y por ende el zodíaco con sus doce signos, retrocede respecto de las estrellas fijas a una velocidad de un grado cada 72 años. Un ciclo completo lleva alrededor de 26.000 años.

Los zodíacos divergen

Luego de algunas confusiones, la astrología clásica grecorromana estableció que el zodíaco se mediría a partir del punto del equinoccio, alinéandolo de ese modo con el ritmo anual de las estaciones; este sistema se denomina **zodíaco tropical.** La astrología hindú conservó el **zodíaco sidéreo,** manteniendo el punto de partida de sus doce signos alineado con el principio de la constelación de estrellas fijas Aries. Con el paso de los siglos, la sincronización entre ambos zodíacos se hizo cada vez menor. En la actualidad la diferencia entre ellos es de alrededor de 24 grados, casi un signo del zodíaco. Así, si tu Sol-signo (tropical) es Aries, al recurrir a un astrólogo hindú ¡quizá te lo reemplace por un (sidéreo) Piscis!

No obstante, hay otra respuesta que tipifica mejor el modo simbólico y poético en que funciona la astrología. Los doce signos de ambos zodíacos constituyen dos reflexiones de las mismas **formas simbólicas.** El zodíaco es una distribución imaginaria, y como la astrología es un sistema de símbolos, la elección del zodíaco **no implica seleccionar exclusivamente uno u otro ni que uno sea correcto y el otro incorrecto.** Es por ello que ambos "se muestran" de diferentes maneras.
Dejemos que la propia astrología hindú haga su historia y volvamos al desarrollo de la astrología europea...

Disputas con el Cristianismo

El cristianismo fue un antiguo rival de la astrología, y en la mayoría de los casos su enemigo número uno. Quizás ambos compitan por el Alma y el Destino.

San Agustín (354-430) es el crítico cristiano de mayor peso. Su aptitud para dar golpes bajos se debe a sus vastos conocimientos de astrología; antes de convertirse al cristianismo se dedicó al estudio de dicha disciplina. En su discurso recurre tanto a argumentos lógico-científicos como espirituales.

También acusa a los astrólogos de utilizar una lógica engañosa al pretender justificar la astrología hablando de **causas** en ciertas ocasiones y de **signos** en otras. Así es que les da una terrible paliza. ¿Cómo lo logra?

¿Determinismo... u obra del Diablo?

Sin embargo, cuando los astrólogos hacen predicciones acertadas, son asistidos por **demonios.**

El objetivo de los demonios es seducir al alma para que renuncie al libre albedrío y acepte el determinismo. De este modo los demonios **someten al alma** a las deidades paganas de las estrellas. “La astrología es una cita con los demonios” o “la obra del Diablo”; esta es la concepción de los fundamentalistas actuales y del Vaticano.

La Estrella de Belén

La Estrella de Belén y el relato de los tres Reyes Magos (astrólogos-sacerdotes persas) plantea un dilema para los opositores cristianos a la astrología.

Muchos astrólogos medievales, siguiendo la concepción aristotélica racional del Cosmos, aceptaron la idea de que la estrella fue un signo sobrenatural.

No obstante, la hipótesis de Johannes Kepler (aprox. 1600) fue confirmada por los estudiosos de la era moderna. La "estrella" fue una conjunción de Júpiter y Saturno.

El simbolismo concuerda con las profecías de esa época, en las que se anunciaba la llegada del Mesías entre los judíos.

1. La conjunción tuvo lugar hacia el fin de Piscis, regido por Júpiter.
2. Júpiter es el planeta de los reyes.
3. Y Saturno rige al pueblo judío... de donde se deduce: **el rey del pueblo judío.**

Tres conjunciones = tres reyes.

Una de las argumentaciones cristianas convalida la astrología pero al mismo tiempo retoma el relato a fin de acabar con ella Tertuliano (aprox. 200 DC.) cree que el oro, el incienso y la mirra simbolizan la magia pagana y la astrología.

Pero la lógica de Tertuliano pudo traerle problemas. Para los cristianos, Cristo vuelve a nacer en **todos** los niños. Así como Dios les permitió a los Reyes Magos interpretar los signos que revelaban el destino de Cristo, la gran misión de la astrología consiste igualmente en brindar sus ofrendas a **todos** los que nacen.

A medida que el cristianismo fue imponiéndose en el mundo romano, la astrología comenzó a ser tratada como el remanente herético del paganismo. Durante la "Edad de las Tinieblas" en Europa, luego de la desintegración del Imperio Occidental (invasión de Roma por los visigodos en el año 410), desapareció casi por completo.

En el ex-imperio romano oriental (imperio bizantino), donde se hablaba griego...

... En el oeste, donde la lengua culta era el latín, la supervivencia de los estudios clásicos dependía principalmente de los monasterios. A pesar de que la **astrología judiciaria** se extinguió, las correspondencias astrológicas siguieron siendo muy utilizadas, en especial el simbolismo del zodíaco que representa el tiempo y las estaciones.

Ahora el impulso se desplaza hacia los astrólogos persas, árabes y judíos unidos en la civilización islámica, surgida durante los tres siglos posteriores al fallecimiento de Mahoma (632 DC)
La cultura islámica tomó de los griegos la filosofía, la medicina y la ciencia, confiriendo a Aristóteles un lugar supremo. Muchos textos griegos que el occidente latino había perdido, entre ellos los de astrología, fueron traducidos al árabe.
Personajes sobresalientes de la época desarrollaron las premisas griegas hasta convertirlas en formas astronómicas muy elaboradas, que aún hoy apuntalan la astrología; por ejemplo:
Al-Kindi (fallecido aprox. en 870 d.C.), llamado el "filósofo de los árabes"; tradujo a Aristóteles al árabe, pero también recibió la influencia del hermetismo.
Su discípulo Abu Maschar (787-886 d.C.) y Masha-allah, astrólogo judío (siglo VIII d.C.); sus nombres y citas de sus aforismos aparecen por doquier en la astrología europea posterior.

El Resurgimiento Medieval en Europa

Europa tuvo que volver a aprender la astrología de los árabes. A partir del siglo XII, los textos científicos árabes comenzaron a traducirse al latín. Entre ellos se contaban muchas obras griegas perdidas, y también las de astrología. Los **Tetrabiblos** de Tolomeo fueron traducidos en 1138.

La cosmología de Tolomeo y los **fundamentos aristotélicos** de la astrología dieron lugar a un acuerdo con el cristianismo y aseguraron la presencia de esta disciplina en las universidades medievales.

Santo Tomás de Aquino (aprox. 1225-74) aceptó la parte de la astrología judiciaria que se ocupaba de la influencia sobre el cuerpo. Si el alma puede elevarse por encima de la carne, también puede elevarse por encima de la influencia planetaria.

Si partimos de una visión restringida de la astrología, que sólo incluye los horóscopos y las predicciones, resulta difícil ver el **panorama global** de la metáfora celestial del macrocosmos-microcosmos. En la Edad Media este simbolismo domina las ciencias, la medicina y las artes.

La Divina Comedia de Dante (aprox. 1307) es un excelente ejemplo. Su visión aparece expresada en el simbolismo platónico del Ecuador, la Eclíptica y el Equinoccio. Intercala en dicha visión verdaderos fenómenos planetarios reales observados en la primavera de 1301. Sus cielos planetarios se desarrollan a partir de los símbolos convencionales de la astrología. Cita la frase de Aquino que da cabida a los horóscopos; ¡y como broche de oro atribuye su propia capacidad poética a la influencia de su signo natal, Géminis!

Por otra parte, Dante fue enemigo de las **predicciones** de los astrólogos. Guido Bonatti (= Bonatus, siglo XIII), uno de los padres fundadores de la astrología judiciaria europea, aparece en el Infierno, junto con los hechiceros, y como les ocurre a éstos, su cabeza es vuelta hacia atrás como castigo por tratar de ver el futuro.

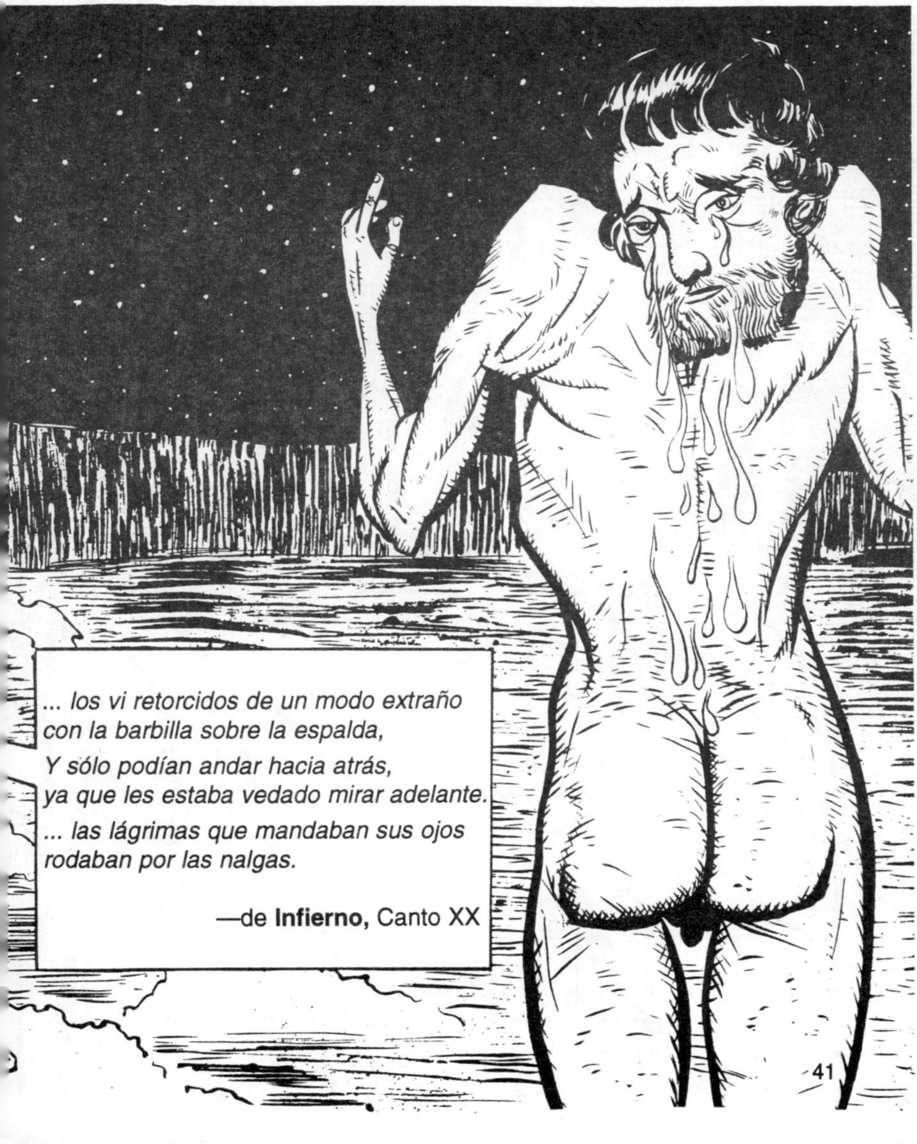

Magia y Astrología en el Renacimiento

El Renacimiento comenzó en Italia como un resurgimiento inspirado por la antigüedad pagana, en especial la de Grecia. El cristianismo fue reinterpretado como la culminación de una tradición de **misterios** que se remontaba al mítico Hermes Trismegistos (el tres veces grandioso Hermes). El axioma hermético es "Como arriba, abajo", ¡astrología global una vez más!

El principal filósofo del Renacimiento, Marsilio Ficino (1433-1499), enseñaba astrología médica y desarrolló la musicoterapia astrológica, la antigua "armonía de las esferas".

Ficino combinó la astrología con la **magia natural**.

También practicaba una magia más poderosa, invocando a las inteligencias planetarias mediante talismanes y rituales.

La concepción de Ficino acerca de los juicios derivados de horóscopos tendía a una forma **katárchica** de astrología (pág. 23) en la que existía el libre albedrío. Para él, la astrología opera como los presagios de augurio, no como la ciencia. Se trata de "una metáfora poética, no de la razón o la lógica".¡Esto provoca una crisis! Ficino se burlaba de los astrólogos de Florencia que eran sus contemporáneos.

Un discípulo de Ficino, Pico della Mirandola, plasmó esta controversia en sus **"Argumentos en contra de la astrología adivinatoria"** (1495). Equipada con motivos lógicos y científicos, esta obra brindó las armas para atacar a la astrología durante por lo menos doscientos años.

Los magos renacentistas condenaban a los astrólogos que hacían caso omiso del libre albedrío de las almas. No obstante, este choque indica que la corriente principal de la astrología judiciaria (que se apropió del pensamiento aristotélico) no era propiamente una rama del ocultismo europeo (que seguía a Platón). Estas dos disciplinas tendieron a tomar rumbos diferentes.

Como cuando sirve a la magia, la astrología ofrece un entorno simbólico para la inspiración sobrenatural. **Nostradamus** (1503-1566) observó el ciclo de veinte años de las conjunciones entre Júpiter y Saturno, al igual que los astrólogos árabes que lo precedieron, a fin de establecer por anticipado las épocas históricas y activar su función profética.

En un plano más comprensible, el Renacimiento hizo florecer métodos muy perfeccionados de confección e interpretación de horóscopos, que influyeron en diverso grado sobre príncipes y papas. John Dee eligi[o la fecha de la Coronación de Isabel Iª. Descubrió un día poco común (15.1.1559) cuando los aspectos del Sol y de los "benéficos" Venus y Júpiter estaban aspectando favorablemente los aspectos de esos mismos planetas de la carta natal de Isabel (7.9.1533). Se trata de una ingeniosa manipulación, ¡Y **lo cierto es** que la buena Reina Bess mantuvo unida a Inglaterra durante 44 años!

Johannes Kepler (1571-1630) es considerado un héroe científico debido a su moderna teoría de las órbitas planetarias; sin embargo, también fue un astrólogo místico a carta cabal, dedicado a demostrar la "armonía de las esferas".

Censuró la irracionalidad de la astrología convencional, pero intentó **reformar** la disciplina relacionada con los horóscopos en lugar de destruirla. Advirtió a los que criticaban a la astrología que "no tiraran las frutas frescas junto con las podridas".

Los tiempos cambiaban con gran rapidez. El siglo XVII vio el último florecimiento de la astrología europea, pero también el comienzo de su catastrófica decadencia.

Dos notables astrólogos personifican la rivalidad entre las temáticas de la tradición astrológica.

Morin de Villefranche (1583-1659) reformó la metodología horoscópica siguiendo las líneas **clásicas aristotélica y platónica**, orientándose hacia la predicción exacta. Rechazó la técnica horaria por considerarla irracional. Su gran opus en latín, **Astrologia Gallica,** quedó en el olvido.

El enfoque de William Lily (1602-1681) es **katártico y mágico;** fue un maestro de la astrología mundana (política y social) y horaria.

Se hizo famoso por sus predicciones durante la Guerra Civil inglesa.

Con un estilo que nos recuerda a Nostradamus, Lily utilizó una misteriosa "astrología profética". Sus proezas más conocidas son las predicciones "jeroglíficas" de la Gran Plaga (1665) y el incendio que afectaron a Londres (1666).*

En su libro **Astrología cristiana** (1647), demuestra que una astrología predictiva exacta permite empero el libre albedrío y resulta compatible con el cristianismo. Sus juicios elocuentes y sus concisas interpretaciones aseguraron la supervivencia hasta nuestros días de un método eficaz para practicar la **astrología horaria**.

* Fue citado a comparecer ante el Comité Parlamentario que investigaba el incendio, ante la posibilidad de que él lo hubiera iniciado para demostrar sus teorías astrológicas.

Decadencia y Resurgimiento

Con posterioridad al año 1700, la "Era de la Ilustración" vio cómo desaparecía la astrología europea del círculo de los intelectuales. Se fue desvaneciendo hasta figurar sólo en el folclore y en los almanaques. La práctica de la metodología horoscópica virtualmente se extinguió, excepto por unos pocos excéntricos que seguían interesados en ella en Inglaterra.

En este mismo país, la astrología retomó su impulso a principios del siglo XIX. Los astrólogos solían adaptar metáforas derivadas de las ciencias, como las de la electricidad y el magnetismo, pero la reacción antirracionalista de los románticos también dio origen a la fascinación victoriana por el ocultismo. Esto contribuye a explicar por qué los principales astrólogos tomaban sus nombres de ángeles. RAFAEL (católico romano Smith 1795-1832), ZIDKIEL (Comandante R. J. Morrison, 1795-1874) SEFARIAL (W. R. Old, 1864-1929) y otros.

Teosofía

En 1875 Helena Petrova Blavatsky (1831-1891) fundó la Sociedad Teosófica. La "doctrina secreta" de la teosofía, subyacente en todas las religiones, con sus conceptos de karma y reencarnación, proporcionó la conexión espiritual que muchos astrólogos necesitaban.

Alan Leo (W. F. Allen, 1860-1917), incansable organizador y escritor, incorporó la astrología a las historia del siglo XX.

Inspirado por la teosofía, libera a la astrología natal del inflexible legado predictivo que le había dejado su tradición y la acerca a las concepciones más psicológicas de la era moderna. De allí en adelante, la astrología moderna nunca dio marcha atrás...

PARTE II- MANUAL DE ASTROLOGIA

Desde el comienzo de su resurgimiento en el siglo XX, la astrología occidental se ha fortalecido, a pesar de la hostilidad intelectual y académica. Las columnas de horóscopos son su manifestación popular, pero también ha florecido la práctica más compleja que consiste en la interpretación de horóscopos individuales.

La astrología es un lenguaje universal de la imaginación, compartido por hombres de todos los milenios. Los babilónicos en su zigurat, los griegos en Delfos, el mago renacentista y el astrólogo actual del Puente de Brooklyn harían las mismas interpretaciones si vieran un eclipse al mediodía o a la sexi Venus uniéndose a Marte.

La astrología moderna ha conservado la estructura fundamental de la astrología tradicional. Este manual ayudará al lector a hablar en ese idioma proporcionándole las claves de su vocabulario básico.

El sistema solar

La Tierra y los planetas giran alrededor del Sol, moviéndose en la misma dirección pero a diferentes velocidades. La Luna gira alrededor de la Tierra. Todas las órbitas se encuentran aproximadamente en el mismo plano, de modo que el "sistema solar" en su conjunto es como una fuente chata.

SOL ☉ — VENUS ♀ — SATURNO ♄
LUNA ☽ — MARTE ♂ — URANO ♅ o ⛢
MERCURIO ☿ — JUPITER ♃ — NEPTUNO ♆
PLUTÓN ⯓ o ♇ o ⛣

Debe advertirse que el diagrama no está en escala. Para ser más exactos, debería imaginarse la franja del zodíaco sobre la vasta y distante ESFERA CELESTE, en el campo de las estrellas fijas. Vistas desde la Tierra ⊕ , las diferentes distancias del Sol, la Luna y los otros planetas respecto de la Tierra carecen de importancia. Todos ellos aparecen "proyectados" de igual manera en la franja del zodíaco.

En el diagrama que antecede, mirando el Sol desde la Tierra, aquel se proyecta en los últimos grados de Cáncer (♋). Por eso decimos que el Sol está "en" ♋. Del mismo modo, en este diagrama la Luna está "en" ♏.

Retrogradación: Vistos desde la Tierra, los planetas (pero nunca ☉ ni ☽) parecen moverse hacia atrás (retrogradarse ℞) durante ciertos períodos. Esto ocurre cuando un planeta se encuentra en el mismo lado del sistema solar que la Tierra (en el diagrama, ♆ está ℞).

LOGICA DEL ZODIACO

Los doce signos del zodíaco se agrupan en tres MODOS y cuatro ELEMENTOS.

	Cardinales	**Fijos**	**Mutables**
FUEGO	Aries	Leo	Sagitario
TIERRA	Capricornio	Tauro	Virgo
AIRE	Libra	Acuario	Géminis
AGUA	Cáncer	Escorpio	Piscis

Los **MODOS** son tres formas diferentes de acción o fases de manifestación:

CARDINALES QUE INICIAN - Hechos, momentos cruciales, acción. Cuando el Sol ingresa en estos signos inaugura cada una de las cuatro estaciones.

FIJOS QUE MANTIENEN - Resistencia, estabilidad. Cuando el Sol se desplaza por estos signos, las estaciones alcanzan su punto culminante.

MUTABLES QUE AVANZAN - Adaptación, diseminación. Cuando el Sol está en estos signos, las estaciones se encuentran en períodos de transición.

ELEMENTOS

El Fuego y el Aire son POSITIVOS, se elevan, son extrovertidos. La Tierra y el Agua son NEGATIVOS, descienden, son introvertidos.

El significado de los elementos surge de la forma en que los percibimos.

FUEGO. El fuego es la luz que nos permite ver. Es el calor, la tibieza que nos anima. Es intocable, divino... y peligroso. Se manifiesta bajo la forma de afirmaciones, confianza y amor a la vida.

TIERRA. Pisamos tierra porque nos da una base y un soporte. Es la materia, la sustancia de todo. Se manifiesta como dependencia, materialismo y sentido común.

AIRE. El aire es espacioso y abstracto, como el cielo entre la tierra y el más allá. Penetra las cosas y transporta el aliento, las palabras, los pensamientos. Se manifiesta como humanidad, lenguaje e inteligencia.

AGUA. El agua fluye y halla su propio nivel. Limpia, disuelve y fertiliza. Se manifiesta como emoción, imaginación y comprensión.

Los Humores

Los humores de la ciencia y la medicina medievales, los cuatro principios aristotélicos de CALIENTE, FRIO, HUMEDO y SECO, y los elementos astrológicos están conectados entre sí.

CALIENTE Y SECO	= FUEGO (Temperamento colérico)
FRIO Y SECO	= TIERRA (Temperamento melancólico)
CALIENTE Y HUMEDO	= AIRE (Temperamento optimista)
FRIO Y HUMEDO	= AGUA (Temperamento flemático)

Algunos astrólogos modernos relacionan los elementos con los tipos psicológicos de **Carl Jung**.

Fuego-Intuición	Tierra-Sensación
Aire-Intelecto	Agua-Sentimiento

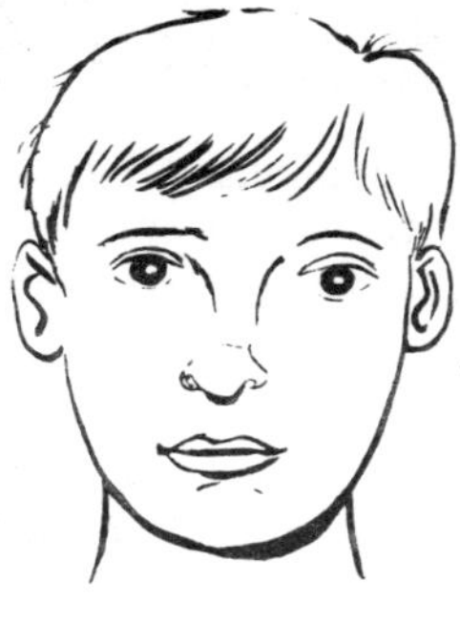

FUEGO

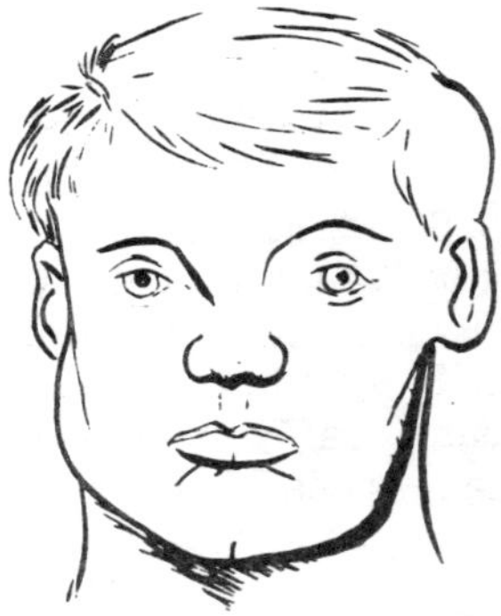

TIERRA

AIRE

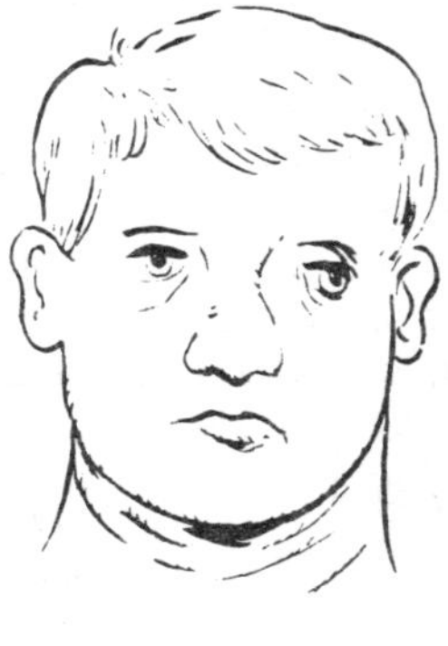

AGUA

EL SER COSMICO Y LOS SIGNOS DEL ZODIACO

El orden de los signos muestra el cuerpo y el ciclo de vida del "Ser Cósmico". Este constituye otro aspecto del simbolismo y la psicología del zodíaco.

ARIES, EL CARNERO. Positivo, regido por Marte. La cabeza. Fuego cardinal (la chispa, llama intensa).
Este es el primer signo y el Ser Cósmico llega al mundo mostrando primero su cabeza. Aries es inocente y reacciona en forma inmediata, se pone en macha llevado por el interés personal y **hace** cosas.
Es pionero, activo y obstinado.

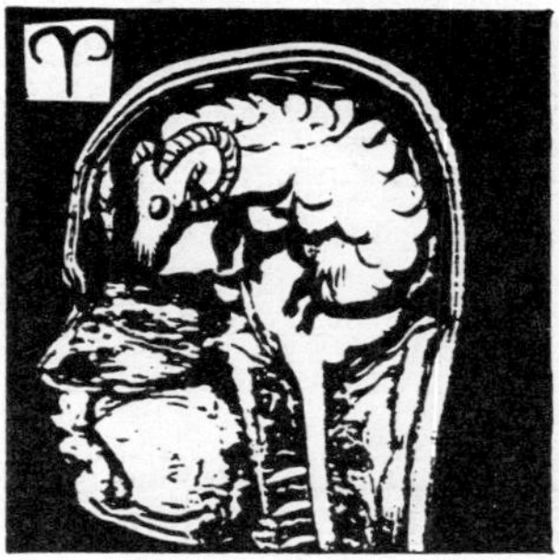

Frase clave:

TAURO, EL TORO. Negativo, residido por Venus. Garganta y cuello. Tierra fija (campo y bosque).
El segundo signo revela encarnación y necesidad física. Tauro valora la seguridad material. Es posesivo, constructor y conservador.

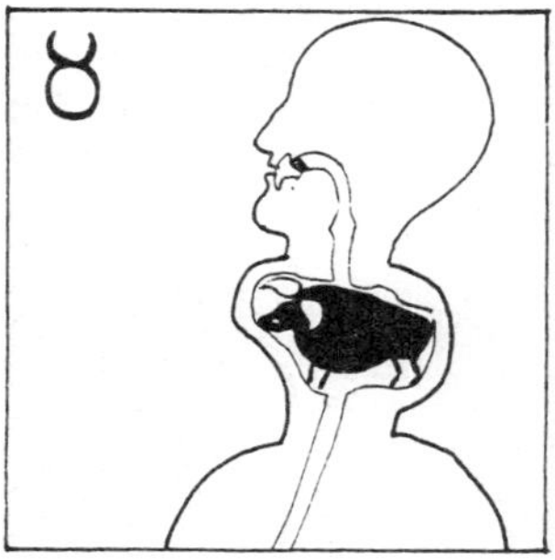

Frase clave:

GEMINIS, LOS GEMELOS. Positivo, regido por Mercurio. Brazos y manos. Aire mutable (brisas).
Es el tercer signo, y el Ser Cósmico se vuelve curioso. Géminis conecta, comunica, arma redes. Es rápido e ingenioso, pero divisivo.

Frase clave:

CANCER, EL CANGREJO. Negativo, regido por la Luna. Pecho y estómago. Agua cardinal (el mar).
El cuarto signo crea un hogar y da seguridad emocional. Es maternal, nutritivo, protector y defensor.

Frase clave:

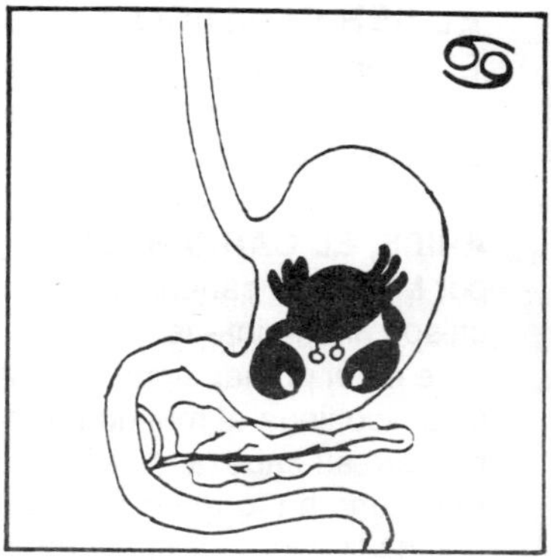

LEO, EL LEON. Positivo, regido por el Sol. Corazón y espalda. Fuego fijo (la hoguera).
Es el quinto signo; ¡el Ser Cósmico se vuelve creativo! Leo es expresivo, egoísta; le gusta ocupar el centro del escenario. Es valiente, orgulloso y leal.

Frase clave:

VIRGO, LA VIRGEN. Negativo, regido por Mercurio. El sistema digestivo. Tierra mutable (campo y cosecha).
Es el sexto signo; Virgo se adapta al entorno con destreza y habilidad. Es servicio, análisis, discriminación y perfección.

Frase clave:

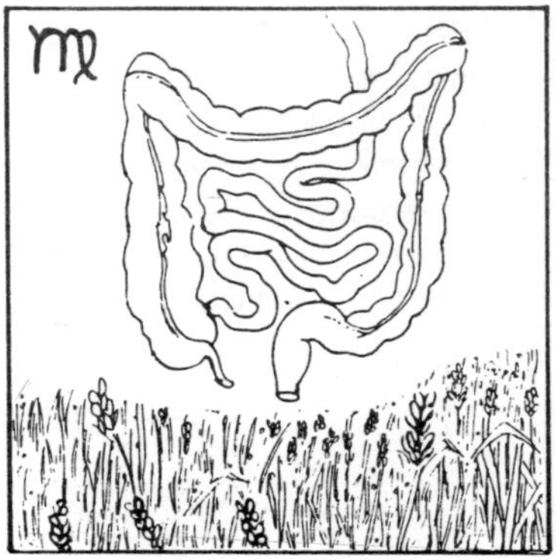

LIBRA, LA BALANZA. Positivo, regido por Venus. Riñones, cintura. Aire cardinal (el viento).

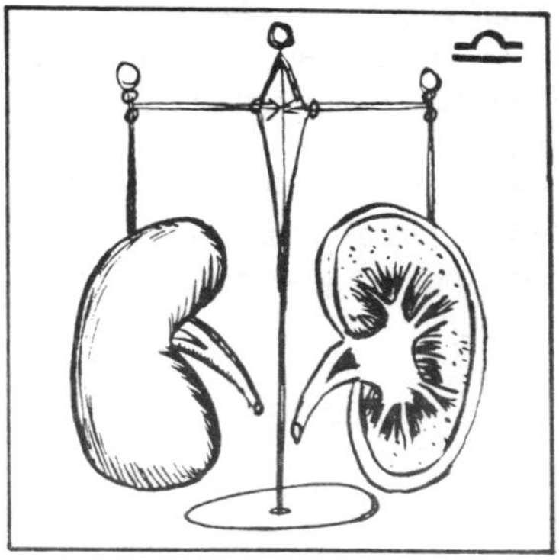

El séptimo signo revela la etapa intermedia en la que el Ser Cósmico descubre la "otredad" y pone en la balanza sujeto y objeto. Relaciona, armoniza y es intelectual.

Frase clave:

ESCORPIO, EL ESCORPION. Negativo, regido por Marte y Plutón. Genitales y sistema excretorio. Agua fija (lagunas de montaña y diques).

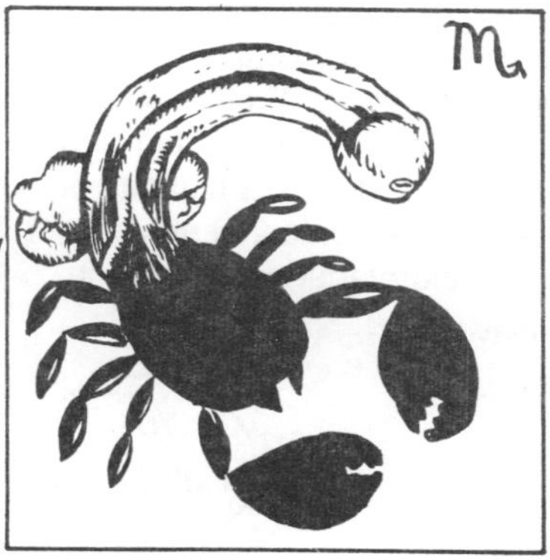

El octavo signo contiene la sexualidad, el poder, la magia y los misterios de la vida y la muerte. Es penetrante, transformador y vengativo.

Frase clave:

SAGITARIO, EL ARQUERO. Positivo, regido por Júpiter. Caderas y muslos. Fuego mutable (la llama danzante).

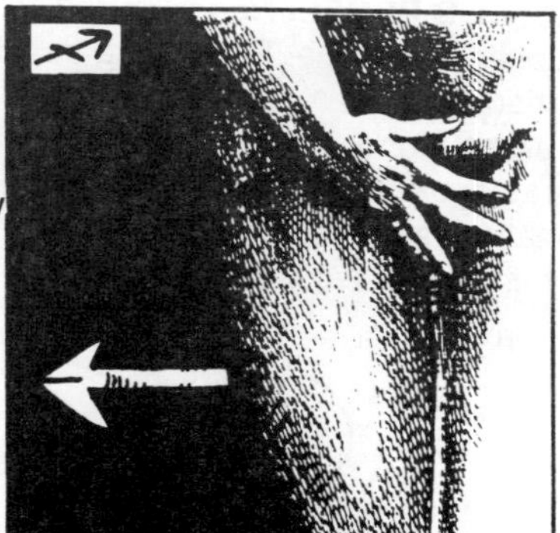

En el noveno signo el Ser Cósmico viaja, explora y capta cosas. Busca el sentido y la libertad. Es visionario y optimista.

Frase clave:

CAPRICORNIO, LA CABRA. Negativo, regido por Saturno. Huesos, dientes y esqueleto. Tierra cardinal (piedras y montañas).
El décimo signo consolida el pasado, establece fronteras y las controla. Es ambicioso, político y responsable.

Frase clave:

YO DOMINO.

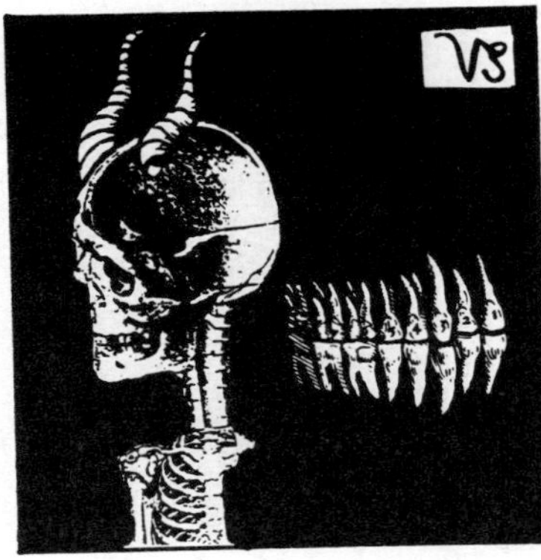

ACUARIO, EL AGUATERO. Positivo, regido por Saturno y Urano. Pantorrillas, tobillos y circulación. Aire fijo (el cielo).
El undécimo signo revela la amistad, la vida grupal y la ideología compartida. Las leyes del pensamiento y el principio de las cosas. Es reformador y humanitario.

Frase clave:

YO COMPRENDO.

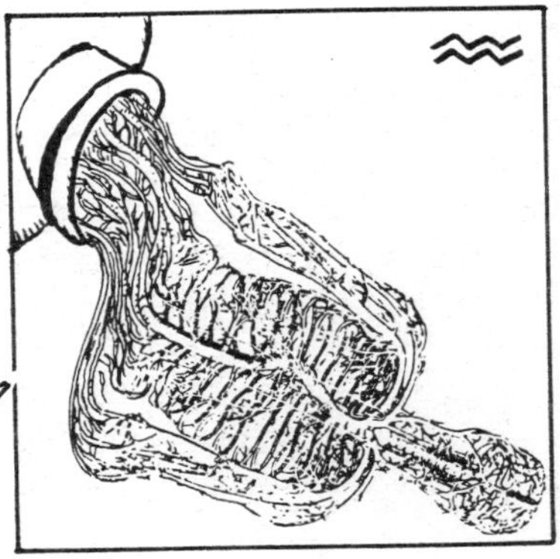

PISCIS, LOS PECES. Negativo, regido por Júpiter y Neptuno. Pies. Agua mutable (la corriente).
Es el último signo, el Ser Cósmico se prepara para el fin. Renuncia al deseo personal en favor del bien global. Es redentor, compasivo y caritativo.

Frase clave:

YO REDIMO.

(Los peces, símbolo de Cristo)

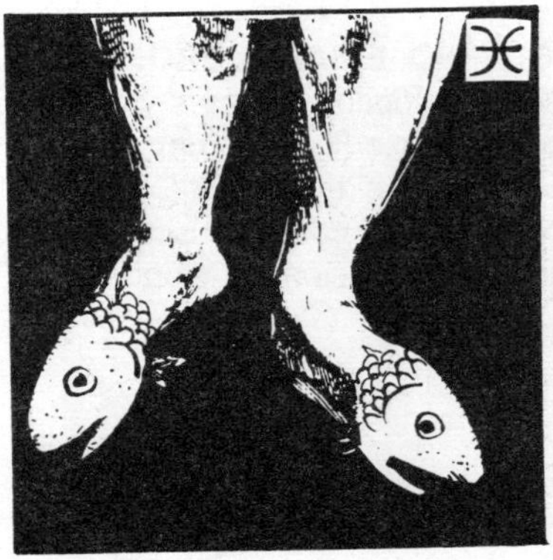

LOS PLANETAS

La palabra "planeta" significa "errante". A diferencia de las estrellas fijas que forman las constelaciones, los planetas "erran" entre los límites de la franja del zodíaco. Además de los siete planetas tradicionales, con el telescopio es posible observar tres planetas exteriores más allá de Saturno (transaturninos): Urano, Neptuno y Plutón.

Símbolos planetarios

Los símbolos planetarios fueron evolucionando lentamente hasta el período renacentista. Tres principios —espíritu, alma y materia— se combinan de diferentes maneras en el significado de cada planeta.

El círculo del **Espíritu** ○
La cruz de la **Materia** +
La media luna del **Alma** o **Psique,** que media entre el espíritu y la materia ◡.

Saturno ♄ es materia por encima de alma; el alma se encuentra prisionera y encarnada.
Júpiter ♃ es alma por encima de materia; el poder imaginativo de la psique para liberarse de su esclavitud.
Venus ♀ y **Marte** ♂ (versión antigua ⚲) también van en pareja.
El mágico **Mercurio** ☿ combina a los tres.

Los símbolos de los planetas exteriores parecen tener este mismo patrón.

Urano ♅ está formado por dos medialunas del alma, separadas por la materia.
Neptuno ♆ es alma, atravesada por materia (sacrificio).
Plutón ⯓ combina a los tres (a veces se lo dibuja como ♇).

Fechas de los Signos Solares

El Sol ingresa en los signos aprox. en las siguientes fechas:

ARIES	21 de marzo	Equinoccio de primavera
TAURO	21 de abril	
GEMINIS	21 de mayo	
CANCER	21 de junio	Solsticio de verano
LEO	23 de julio	
VIRGO	23 de agosto	
LIBRA	22 de septiembre	Equinoccio de otoño
ESCORPIO	22 de octubre	
SAGITARIO	22 de noviembre	
CAPRICORNIO	22 de diciembre	Solsticio de invierno
ACUARIO	21 de enero	
PISCIS	18 de febrero	

EL SOL

El sol rige el signo Leo y el Día. Es el **centro** del sistema planetario, la **fuente** de **luz** y vida. Creativo y constante, regula la naturaleza mediante las estaciones. Es Ser, espíritu, corazón, la esencia de las cosas, conciencia y supremacía. Es masculino, Padre, Rey.
Los sujetos solares brillan; son heroicos, nobles, concienzudos, leales y generosos. Son el centro de la escena, la estrella y el líder. Sus características negativas son la arrogancia y el desdén. En lo psicológico este astro se ve representado por la identidad y el ego. En los términos de Jung, se trata del **proceso de individuación.**

Otras asociaciones:
colores: amarillo-anaranjado y rojo escarlata
plantas: heliotropo, girasol, caléndula, diente de león
animales: reales (cisne), que anuncian la salida del sol (gallo)
ocupaciones: reyes, directores, organizadores, artistas
lugares: palacios, teatros

LA LUNA

La Luna rige Cáncer y la Noche. Orbita en torno a la Tierra, creciendo y decreciendo para crear el ciclo mensual y atraer las mareas. Es receptiva y cambiante, un espejo que refleja la luz solar. Es instinto, alma, las fluctuaciones y el ritmo de la naturaleza, el inconsciente, lo misterioso y oculto. Ir junto con la Luna implica "seguir la corriente". Es la diosa romana Diana, protectora de las mujeres y del alumbramiento.

Los individuos lunares son reflexivos, tímidos, tiernos, protectores, imaginativos y parapsíquicos. Sus aspectos negativos son la timidez, la hipersensibilidad y la locura "lunática". En lo psicológico, la Luna es el inconsciente personal, las reacciones habituales, los patrones de conducta establecidos desde la niñez, las necesidades e instintos básicos.

Otras asociaciones:
colores: blanco y plata
plantas: redondas, frutas acuosas (melón), con hojas gruesas y jugosas (repollo)
animales: nocturnos o acuáticos (búho, caracol, rana)
ocupaciones: limpiadores, cerveceros, parteras, marinos
lugares: mar, costa, puerto

MERCURIO

Mercurio rige Géminis y Virgo. Es el planeta veloz que se encuentra más cerca del Sol y el dios griego mensajero con pies alados (HERMES). Es intelecto, lenguaje, comunicación, comercio y robo. Es el mago, derriba las barreras que separan masculino y femenino (**herma**frodita), consciente e inconsciente, mente y materia, vida y muerte (la guía del alma hacia el mundo subterráneo).

Las personas mercúricas son perspicaces, hábiles, ingeniosas y cultas. Sus rasgos negativos son la astucia, la verbosidad y la inmoralidad. En lo psicológico este planeta representa la naturaleza engañosa de la psique, revelada mediante los actos fallidos y la "cura verbal" de Freud.

Otras asociaciones:
colores: rayas, motas, mezclas
plantas: porotos, nueces, flores sin perfume
animales: astutos, traicioneros, parlanchines (mono, loro)
ocupaciones: en los medios, comerciantes, empleados, contadores, investigadores
lugares: negocios, escuelas, emisoras

VENUS

Venus rige Libra y Tauro. Es la estrella de los amantes, la diosa griega AFRODITA, erótica, deseable y placentera. Inspiradora y jubilosa, es belleza, paz, victoria en la guerra, risa, amistad, y es la patrona de las artes.

Los sujetos venusinos buscan relacionarse y asociarse con los otros. Son sociables, tolerantes, comprometidos, amantes de la belleza, el arte, la riqueza y el lujo. Sus características negativas son la lascivia, la promiscuidad y los excesos. En cuanto al aspecto psicológico, este planeta representa la evaluación, la autovaloración, y el deseo de obtener la completud mediante un Otro Significativo.

Otras asociaciones:
colores: blanco, verde
plantas: perfumadas (rosa, narciso), con pétalos suaves (lirio), dulces (higo, manzana, durazno, ciruela)
animales: gentiles, amigables (paloma, delfín)
ocupaciones: moda y belleza, arte, diplomacia
Otras asociaciones:
colores: blanco, verde
plantas: perfumadas (rosa, narciso), con pétalos suaves (lirio), dulces (higo, manzana, durazno, ciruela)
animales: gentiles, amigables (paloma, delfín)
ocupaciones: moda y belleza, arte, diplomacia
lugares: alcobas, jardines

MARTE

Marte rige Aries y Escorpio. Es el planeta rojo de la fuerza, voluntad, la acción, la energía física y el deseo sexual. Es el dios griego de la batalla (ARES), enfadado, quejoso y buscapleitos.

Las personas "marcianas" son emprendedoras, penetrantes y desafiantes, especiales e intransigentes. Son defensoras de la vida y la muerte. Sus rasgos negativos son el descontento, la violencia y la destrucción irracional. En lo psicológico Marte es la libido, la energía psíquica general, el poder de autoafirmarse y la capacidad de discernir.

Otras asociaciones:
colores: rojo o anaranjado
plantas: filosas, puntiagudas o amargas, jengibre, pimienta, ortigas
animales: depredadores (lobo, tiburón)
ocupaciones: soldados, cirujanos, atletas
lugares: calderas, fundiciones, mataderos

JUPITER

Júpiter rige Sagitario y Piscis. Es el planeta de mayor tamaño entre los tradicionales, el griego ZEUS, rey de los dioses y amo estruendoso de los cielos. Es legislador, benefactor y protector; crea oportunidades, crecimiento y progreso. Este planeta representa la providencia, la buena suerte, la fe, la esperanza y la caridad.

Los individuos de Júpiter son magnánimos, nobles, optimistas, liberales y amantes de la libertad. Guían y alientan a otros mediante sabios consejos. Sus rasgos negativos son los excesos, el afán de dominio, la hipocresía y la arrogancia. En lo psicológico Júpiter representa la búsqueda del sentido, la experiencia de lo sobrenatural y el deseo de crecimiento espiritual.

Otras asociaciones:
colores: violeta, azul, verde marino
plantas: de crecimiento rápido como el ligustro, de gran esparcimiento como la parra
animales: grandes y poderosos (caballo, elefante, ballena, águila)
ocupaciones: abogados, sacerdotes, psicólogos, agentes inmobiliarios, empresarios, actores, payasos
lugares: espacios abiertos, lugares públicos, planicies, vistas panorámicas

SATURNO

Saturno rige Acuario y Capricornio. Es el más distante y lento de los planetas visibles; está asociado al dios griego CRONOS. Preside el destino y el tiempo, el pasado, los límites y fronteras, la forma, la estructura y el esqueleto. Es frío, viejo, controlado y conservador.

La gente saturnina es seria, ambiciosa, ortodoxa y disciplinada. Sus características negativas son la melancolía y la soledad, la envidia, el sufrimiento, el miedo y la culpa. En lo psicológico Saturno representa el material reprimido de la "sombra", el aspecto inferior del que el individuo reniega y que se manifiesta en la búsqueda de chivos expiatorios.

Otras asociaciones:
plantas: venenosas o de raíces profundas; tejo, cicuta, consuelda, belladona
colores: negro, verde aceituna
animales: alimañas y piojos
ocupaciones: políticos, científicos, arquitectos
lugares: montañas, sitios desolados, minas

URANO

Urano, corregente de Acuario, es el primer planeta nuevo ubicado más allá de Saturno, y su descubrimiento en 1781 echó por tierra el cosmos medieval. Es el dios griego del cielo, URANO, castrado por Cronos (= Saturno). Se libera destruyendo la tradición y autoridad de Saturno. Representa la Ilustración Científica y el intelecto exaltado por encima de la Naturaleza.

El sujeto de Urano es un marginal obstinado, un genio reformista, humanista y excéntrico. Sus rasgos negativos son la anarquía, la tiranía y la inhumanidad. En el campo psicológico representa la disociación, la resistencia y el complejo de castración.

Otras asociaciones:
Los acontecimientos históricos que coinciden con el descubrimiento de Urano revelan su naturaleza revolucionaria: la Revolución Francesa (1789), la Guerra de la Independencia estadounidense (1781). Su esencia científica aparece expresada en la electricidad (Galvani 1780) y en los inventos de la Revolución Industrial. Entre las actividades relacionadas con este planeta se incluyen la tecnología, la electrónica y la aeronáutica.

NEPTUNO

Neptuno, descubierto en 1846, es el segundo de los planetas nuevos que se encuentran más allá de Saturno. Es el dios griego del mar (POSEIDON), fusiona cosas dándoles una naturaleza ilimitada y nebulosa. Representa la idealización, el sacrificio y una identidad inconsciente colectiva. Es la fantasía, las experiencias paranormales, la realidad psicofísica y el deseo de alcanzar el "más allá" en todas sus formas, ya sea mediante el misticismo o las drogas.

Las personas neptunianas pueden ser artistas, visionarios o mártires. Sus rasgos negativos son la falsedad y la credulidad. En lo psicológico este planeta se manifiesta como histeria, proyección y transferencia.

Otras asociaciones:
Los acontecimientos históricos que coinciden con el descubrimiento de Neptuno revelan su esencia impersonal y colectiva: la teoría de la evolución de Darwin (1846), el Manifiesto Comunista (1848) y el surgimiento del socialismo. Su dimensión mística aparece en el espiritismo moderno (hermanas Fox, 1847), la anestesia y la hipnosis. Las ocupaciones relacionadas con Neptuno incluyen el cine, la publicidad y las industrias petroquímica y farmacéutica.

PLUTON

Plutón, descubierto en 1930, es el griego HADES, amo del infierno, guarda de los muertos. Usa el yelmo de la invisibilidad y visita el mundo terrenal sólo a veces, pero cuando lo hace provoca transformaciones mediante la aniquilación de las formas anticuadas. Plutón expresa el ciclo de nacimiento-muerte-renacimiento. Por una segunda asociación con el dios romano PLUTUS representa las vastas fuentes de poder y riquezas ocultas bajo la tierra.

Una persona plutónica es un lobo solitario, preocupado por el poder y dotado de un don de transformación inusual. Sus aspectos negativos son el comportamiento sociopático, el estupro y la violación o la insignificancia personal. En el campo psicológico Plutón expresa psicosis, obsesión y también Tánatos, el instinto de muerte.

Otras asociaciones:
Entre los acontecimientos históricos que rodearon el descubrimiento de Plutón se encuentran la partición del átomo, el fascismo y el stalinismo, el surgimiento del autoritarismo de Estado, el terrorismo y el crimen organizado (mafia) a nivel internacional. También se presenta como nihilismo y surrealismo (Magritte).

AFINIDADES ENTRE PLANETAS Y METALES

La asociación de cada planeta con un metal en la astrología tradicional constituye la base de la alquimia. También se han descubierto ciertas conexiones llamativas a partir del conocimiento moderno.

El orden caldeo de los planetas se corresponde con una escala de los metales confeccionada a partir de cuatro propiedades físicas claves:

-brillo
-resonancia
-maleabilidad
-conductividad

La Luna, el astro más cercano, tiene los valores más altos en cada una de las propiedades. Saturno, el planeta más lejano, tiene los valores más bajos, a saber: (plata=100)

Planeta: Orden caldeo	**Metal**	**Conductividad térmica**	**Conductividad eléctrica**
LUNA	Plata	100	100
MERCURIO	Azogue	(Sin valor-Generalmente líquido)	
VENUS	Cobre	94	95
SOL	Oro	74	72
MARTE	Hierro	20	17
JUPITER	Estaño	16	13
SATURNO	Plomo	8	8

Observamos que el movimiento planetario se transforma en las propiedades de los metales terrestres." —Rudolph Hauschka.

Entre las numerosas afinidades que existen entre planetas y metales se hallan las siguientes:

LUNA Refleja la luz del Sol.
La plata se utiliza como fondo de espejos y película sensible a la luz.

MERCURIO Azogue / Mercurio. Tiene una reacción rápida en los termómetros y forma amalgamas con otros metales (emplomaduras para caries).

VENUS El cobre maleable se emplea en los DIUs al servicio de Afrodita; y para curar, las pulseras de cobre.

SOL El oro incorruptible es el más deseado de todos los metales; el anillo de bodas y el patrón oro.

MARTE El duro hierro se utiliza para fabricar armas, vehículos y acero.

JUPITER ¡Apenas se insinúa la necesidad de conservar el poder en una lata de estaño!

SATURNO Opaco, plomo pesado, mal conductor. Aísla bloqueando la electricidad y la radiación (mandil de plomo contra la radiación de rayos X).

ALQUIMIA NEGRA

El uranio, al igual que el propio Urano, se encuentra en el límite de la visibilidad. Los elementos más pesados que el plomo son inestables; sólo existen en cantidades pequeñas en la naturaleza. Puesto que ésta los aborrece, se desintegran dando origen a la radioactividad.

DIGNIDAD Y DEBILIDAD PLANETARIA

Las relaciones de los planetas con los signos se fundan en un sistema tradicional conocido como las **Dignidades y Debilidades** de los planetas. En la astrología natal moderna muchos de sus matices han desaparecido, pero dos importantes pares de asociaciones continúan en pie: **Regencia y Destierro, Exaltación y Caída.**

Regencias: Cada planeta rige uno o dos signos, siguiendo un patrón basado en la división del zodíaco en una mitad solar (de Leo a Capricornio) y una mitad lunar (de Cáncer a Acuario). El Sol y la Luna rigen Leo y Cáncer. Según el orden caldeo, cada uno de los planetas restantes rige dos signos, lo que muestra dos caras de su naturaleza en un signo positivo/diurno y uno negativo/nocturno, exhibiendo una u otra cara de Cáncer y Leo en cada mitad del zodíaco, como se expresa a continuación:

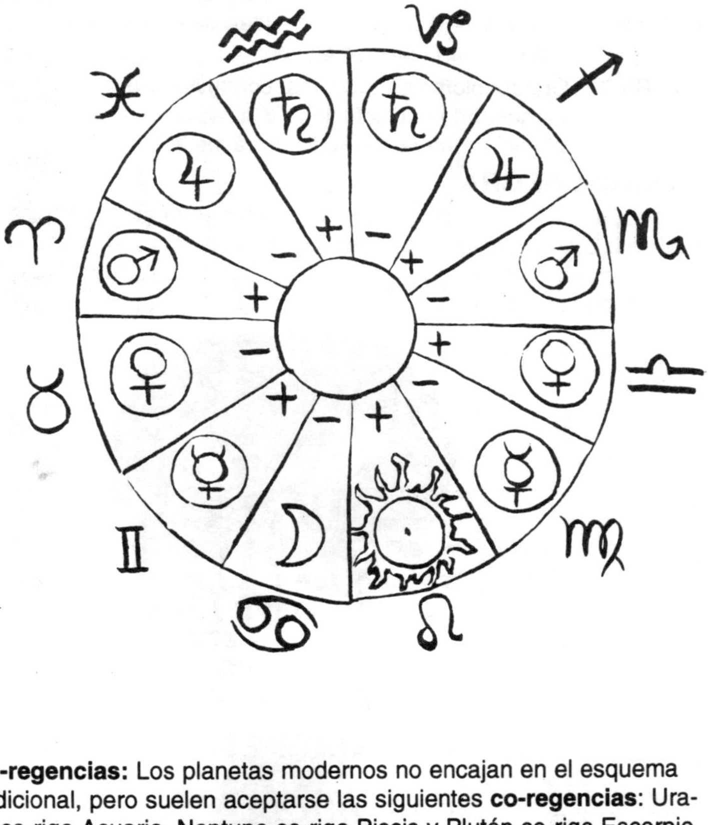

Co-regencias: Los planetas modernos no encajan en el esquema tradicional, pero suelen aceptarse las siguientes **co-regencias**: Urano co-rige Acuario, Neptuno co-rige Piscis y Plutón co-rige Escorpio.

Las regencias planetarias también tienen un **sentido simbólico.** Los planetas rigen los signos porque guardan con ellos cierta afinidad y los signos los fortalecen. La dimensión positiva o negativa del signo revela la naturaleza del planeta en diferentes formas. Por ejemplo, la índole expansiva de Júpiter concuerda tanto con la cara exploradora de Sagitario (positivo) como con la cara generosa de Piscis (negativo). De la misma manera, Marte es un soldado exaltado en Aries (positivo), pero un agente secreto en Escorpio (negativo).

Destierro

Los planetas se encuentran en **destierro**, o fuera de tono, en los signos opuestos a los que rigen. Por ejemplo, el agresivo Aries y el vengativo Escorpio hacen que la cooperadora Venus pierda sus virtudes.

Exaltación y caída

En ciertos signos los planetas se encuentran **en exaltación** y se fortalecen. Cuando los planetas están en signos opuestos a sus signos de exaltación están **en caída**, con menor poder y debilitados.

Planeta	**Exaltación**	**Caída**
SOL	Aries	Libra
LUNA	Tauro	Escorpio
MERCURIO	Virgo	Piscis
VENUS	Piscis	Virgo
MARTE	Capricornio	Cáncer
JUPITER	Cáncer	Capricornio
SATURNO	Libra	Aries

MERCURIO EN EXALTACION

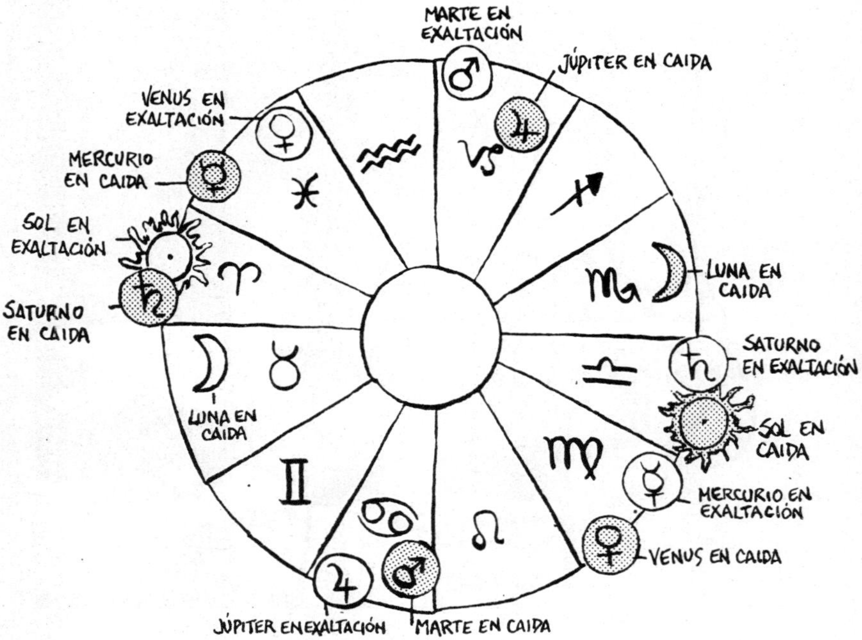

¿Cuál es la lógica simbólica de todo esto? Marte está en exaltación en Capricornio porque la fuerza de Marte es disciplinada y dirigida, como en un ejército. Sin embargo, Marte en caída en Cáncer se pone a la defensiva, se torna sensible y no le gusta pelear. Piscis exalta a Venus proveyéndola de comprensión infinita, mientras que Virgo la debilita mediante el análisis crítico. ¿Puede descubrir el lector algunas de las restantes?

ASPECTOS

Los aspectos son divisiones del círculo de 360 grados, el ángulo que forman dos planetas o factores cualesquiera, medido en arcos de longitud zodiacal desde el centro de la Tierra.

La Conjunción (0 grados) muestra la unión de los planetas y la Oposición (360 dividido por 2) muestra la resistencia que hay entre ellos. La división por 3 (y por 6 o por 12) da como resultado aspectos **fáciles, armónicos** ("buenos"). La división por 4 (y por 8) produce aspectos **difíciles, inarmónicos** ("malos").

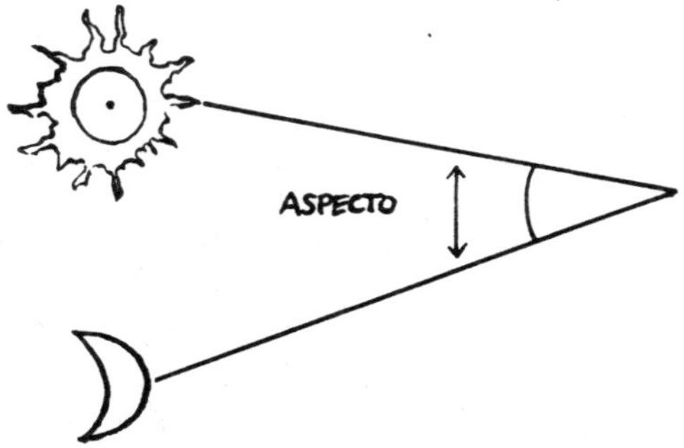

Orbes: El orbe es la cantidad de grados permitidos a cada lado del aspecto exacto para que dicho aspecto siga funcionando. Los astrólogos antiguos modificaban los orbes según los planetas involucrados, pero la astrología moderna ha estandarizado los orbes de cada aspecto.

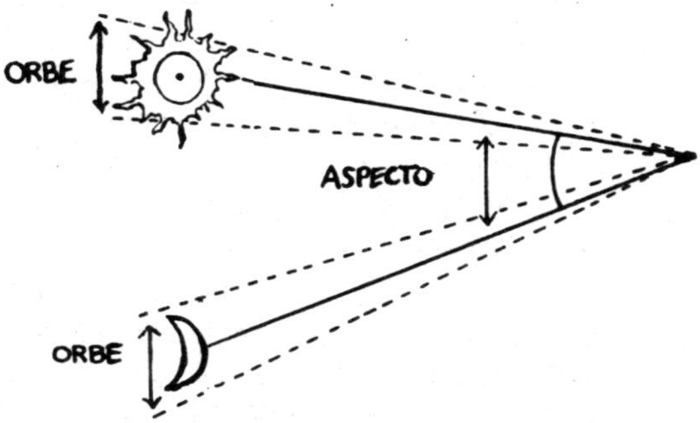

SIMBOLO	o	NOMBRE	ORBE	SIGNIFICADO
		Los aspectos principales (tolemaicos)		
☌	0	Conjunción	8	Identidad, unidad
☍	180	Oposición	8	Desafío, conflicto
△	120	Trígono	8	Armonía, cooperación
□	90	Cuadratura	8	Lucha, crisis
⚹	60	Sextil	6 o 4	Creatividad
		Los aspectos secundarios		
∠	45	Semicuadratura	2	Tensionante
⚼	135	Sesquicuadratura	2	Tensionante
⚺	30	Semisextil	2	Servicial
⚻	150	Quincuncio	2	Tensionante (salud)
Aspectos disociados			**3**	

Cuando los planetas en orbe atraviesan diferentes elementos y modos vale la pena buscar aspectos **disociados.** Por ejemplo, Mercurio en 27 Capricornio está en conjunción con el Sol en 3 Acuario (orbe de 6 grados).

Interpretación

El significado de un aspecto depende de la naturaleza intrínseca de los planetas en ese aspecto y de la ubicación de dichos planetas respecto de los signos que rigen. ¿Quién quiere un trígono de planetas en destierro? Seguramente los planetas dignificados en cuadratura logren más.

Líneas de aspectos

A veces se trazan líneas que indican los aspectos en el centro de la rueda del horóscopo con diferentes colores a fin de resaltar los aspectos fáciles o difíciles. Quizá sean útiles para los principiantes, pero resultan innecesarias —y a veces son un estorbo— para el astrólogo experimentado. Los aspectos se reconocen a simple vista debido a la relación de los planetas con sus signos. Por ejemplo, dentro de orbes aceptables, los planetas asociados al mismo elemento forman trígonos entre sí; los que son del mismo modo forman cuadraturas; los sextiles se forman con dos signos de distancia; los semisextiles, con un signo de distancia; un quincuncio es una oposición, menos un signo a cada lado.

Existe una regla sencilla para hallar los puntos de semicuadratura y sesquicuadratura de cualquier planeta: **sumar 15 grados y desplazarse hacia la misma posición en grados en el modo siguiente.** Importa recordar que los modos van en el siguiente orden: cardinal, fijo, mutable, cardinal, etc. Por ejemplo, en la carta de Freud (pág. 94), Plutón se encuentra en 4 Tauro. Sumar 15 grados = 19 Tauro. Tauro es un modo fijo; el modo siguiente es mutable. Así, los cuatro puntos de semicuadratura y sesquicuadratura están en 19 grados de signos mutables, y Plutón en 4 Tauro forma una semicuadratura con Neptuno en 19 Piscis.

Cuadro de aspectos

El cuadro de aspectos es una forma útil de registrar todos los aspectos que se presentan en un horóscopo.

	☽	☿	♀	♂	♃	♄	♅	♆	♇	☊	Asc.	MC
☉	⊻				∠		☌	✶				□
☽								□				✶
☿			⊻	△	✶	⊻	☌					□
♀						✶				☌		△
♂					☍	□			⊼			∠
♃						□						
♄								□		✶		
♅								✶				□
♆									∠			⊼
♇											☍	
☊												△
											Asc.	MC

Ejemplos:

El Sol está en conjunción con Urano ☉☌♅

La Luna aparece en cuadratura con Neptuno ☽□♆

Marte se encuentra opuesto a Júpiter ♂☍♃

El Sol forma una semicuadratura con Júpiter (aspecto disociado) ☉∠♃

ESTRUCTURAS DE ASPECTOS

Las estructuras de aspectos entre planetas orientan la interpretación. Algunas de las estructuras más conocidas son:

T-CUADRADA

Suele encontrársela con frecuencia. Se trata de dos planetas en oposición, y cada uno de ellos en cuadratura con un tercer planeta "mango", que se encuentra bajo máxima tensión.

Si se forma un trígono o sextil de planetas con cualquiera de las partes de la T-cuadrada, el nuevo planeta hará de "mediador" o liberará la tensión.

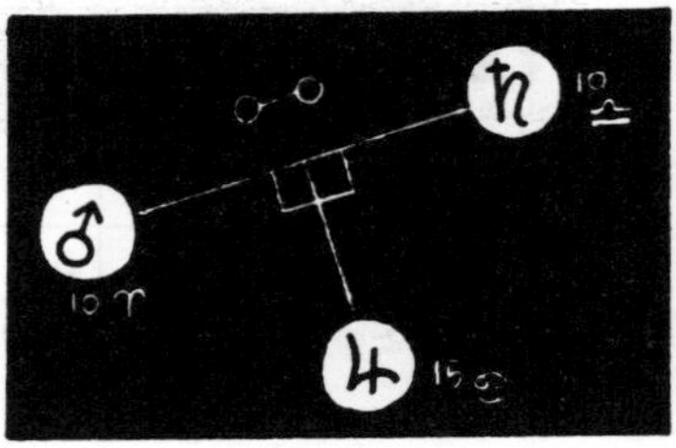

Oliver Cronwell, "voluntad férrea y altos objetivos morales"

GRAN CRUZ

Está formada por dos pares de oposiciones que crean cuatro cuadraturas que caen en uno de los modos (cardinal, fijo, o mutable). Simboliza el bloqueo y una vida de lucha antes de lograr el éxito. Se apacigua cuando cualquier otro planeta actúa como mediador con un aspecto fácil (trígono, sextil).

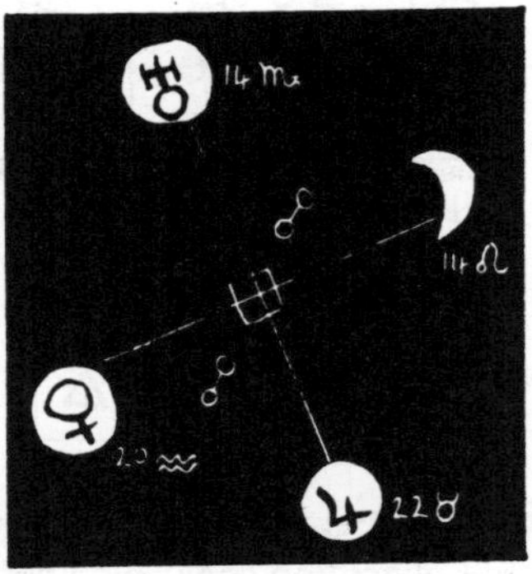

Cruz Fija de Mao Tse-tung (amplia)

GRAN TRINO

Tiene lugar cuando tres planetas están cada uno en trígono respecto de los otros dos, y generalmente en el mismo elemento. A pesar de que los trígonos son creativos, la presente estructura tiene la reputación de dar excesiva preponderancia al elemento involucrado y de causar pánico.

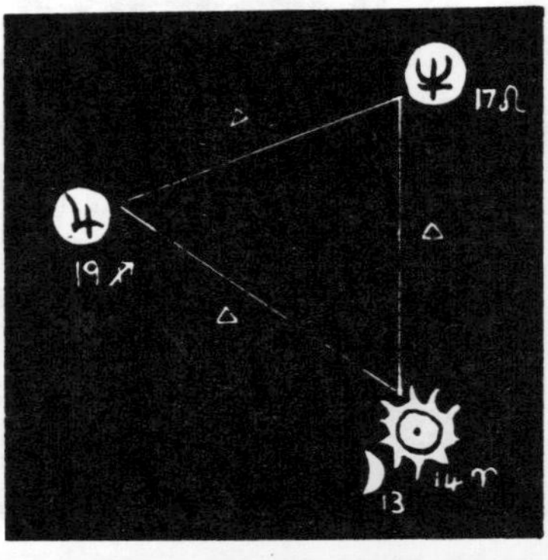

Marlon Brando una leyenda del cine

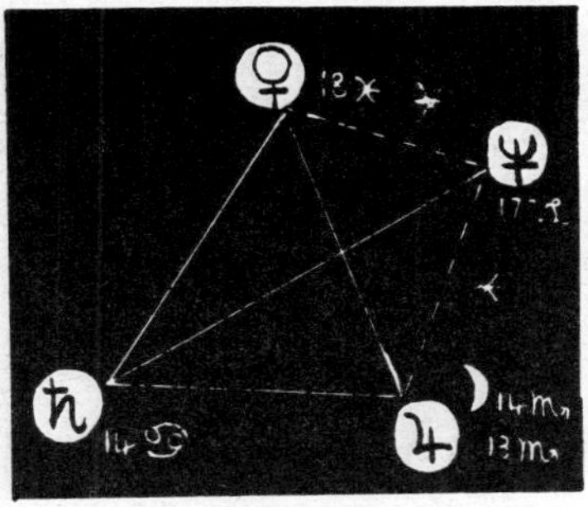

COMETA

Se forma mediante una extensión del Gran Trino con un 4º planeta en oposición y dos sextiles que actúan como **piolín** del cometa. Es potente siempre que la oposición se encuentre dominada.

Julio Verne muestra el poder imaginativo de un Gran Trino marino en un Cometa a Neptuno (¡"20.000 leguas de viaje submarino"!)

YOD (DEDO DE DIOS, DEDO DEL DESTINO)

Se trata de dos planetas en sextil, cada uno de los cuales forma un quincuncio con un tercer planeta. Este es apartado y atrae situaciones y coincidencias curiosas (*¡Es kármico!*)

Princesa Diana
¡Aquí es donde se conecta con Carlos!

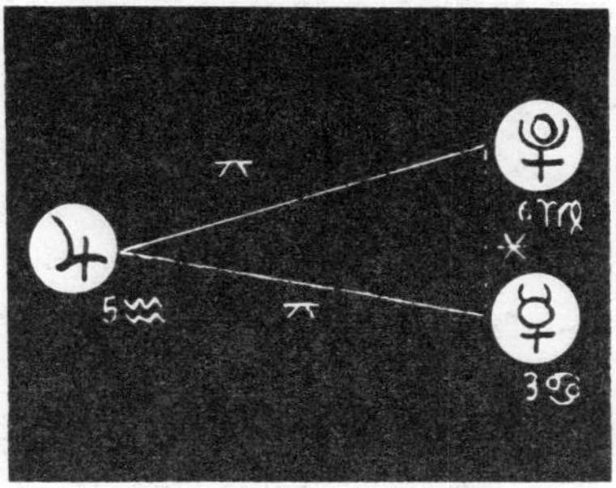

STELLIUM

Aparece cuando cuatro o más planetas forman una guirnalda de conjunciones. Hace preponderar el signo y la casa en la que está ubicado. La clave para su interpretación es el planeta que rige el signo del stellium.

La obra de Escher es como este Stellium.

Miscelánea

Otros factores que pueden aparecer en el horóscopo.

Retrogradación de los planetas ℞

Si se los observa desde la Tierra, puede parecer que durante ciertos períodos los planetas (excluidos el Sol y la Luna) se desplazan hacia atrás (con un movimiento retrógrado) en el zodíaco. Los planetas más lentos y hacia afuera de Júpiter se encuentran retrógrados entre un tercio y la mitad del año, cuando el Sol está en la otra mitad del zodíaco. La retrogradación de Mercurio, Venus o Marte tiene gran importancia. Puede modificar u obstruir la actuación normal del planeta, haciendo que sus efectos sean menos directos. Los planetas tienen una gran influencia subyacente sobre el día en el que llegan a una "estación" y cambian de dirección (de movimiento directo a retrógrado = **ESTR;** de retrógrado a movimiento directo = **D** o **ESTD**).

Los nodos lunares

- Nodo Norte (Cabeza de Dragón) ☊
- Nodo Sur (Cola de Dragón) ☋

Estos elementos ya fueron mencionados cuando hablamos sobre Stonehenge (págs. 6-7). Forman un eje de gran relevancia en todo el horóscopo, en especial si un planeta se encuentra en conjunción con uno de ellos. El Nodo Norte muestra la dirección en la que conviene transitar, mientras que el Nodo Sur es una zona de peligro o regresión, algo de lo que es mejor apartarse.

Recepción mutua

Se da cuando cada uno de dos planetas se encuentra en el signo de regencia del otro, por ejemplo Marte en Libra (regido por Venus) y Venus en Escorpio (regido por Marte). La recepción mutua indica un talento especial relacionado con esos planetas y los muestra trabajando en conjunto armoniosamente. Contrarresta una ubicación que en otro caso implicaría un destierro.

Equilibrio entre elementos

Este factor puede resultar esclarecedor, en particular cuando falta un elemento, lo que acarrea un desequilibrio. Por lo general sólo se cuentan los planetas tradicionales y se suma la cantidad de planetas en cada elemento (Fuego, Tierra, Aire y Agua).

El zodíaco con los pies sobre la Tierra

En un momento dado, las posiciones y aspectos planetarios que aparecen en el zodíaco son los mismos para todos los habitantes del mundo. Estas posiciones reflejan un amplio simbolismo **UNIVERSAL**.

A fin de obtener interpretaciones más específicas, los astrólogos "confeccionan" el **horóscopo**, diagrama de los cielos vistos desde un cierto lugar de la Tierra en un momento determinado.
El horóscopo natal se elabora para el momento del nacimiento, pero es posible diseñar horóscopos para cualquier acontecimiento definido en el tiempo y el espacio.

El Entorno del Horóscopo

En la elaboración de horóscopos el lenguaje de la astronomía se funde con la poesía y la filosofía.

Imaginemos que cada uno nosotros es un bebé que acaba de nacer sobre la Tierra.

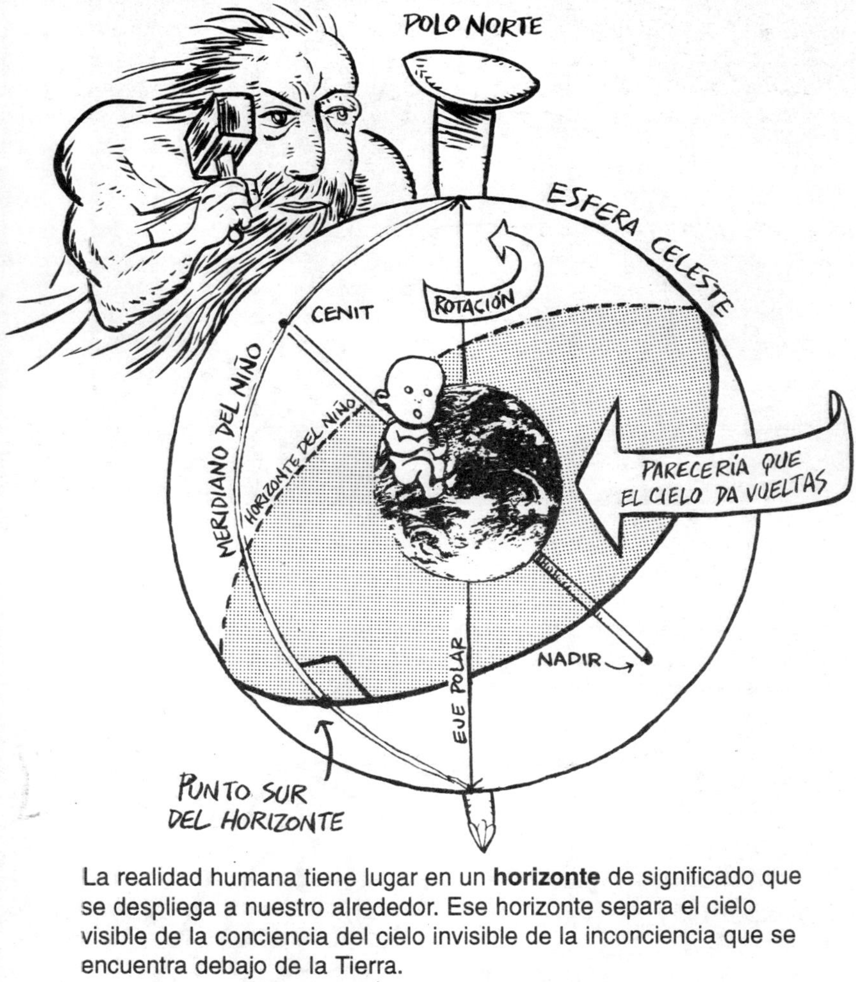

La realidad humana tiene lugar en un **horizonte** de significado que se despliega a nuestro alrededor. Ese horizonte separa el cielo visible de la conciencia del cielo invisible de la inconciencia que se encuentra debajo de la Tierra.

El cielo en su totalidad, el "universo", gira en torno a nosotros de este a oeste una vez por día, llevando consigo al Sol, la Luna, las estrellas y el zodíaco a través de nuestro horizonte; todo ello simboliza el ciclo de la cambiante experiencia humana.

Justo sobre nosotros se encuentra el **cenit**, en el punto más alto de nuestro cielo local. Representa al lugar adonde nos dirigimos y el futuro. Abajo, en las antípodas, está el punto opuesto, el **nadir**, que simboliza el pasado, nuestro origen, y también un punto del que no hay retorno.

Por el estático Eje Polar ubicado en el cielo que gira, atravesando nuestros cenit y nadir, y en ángulo recto con nuestro horizonte, pasa el círculo del **meridiano** que va de norte a sur. Nos conecta con el centro del Universo, y es nuestra línea temporal e histórica.

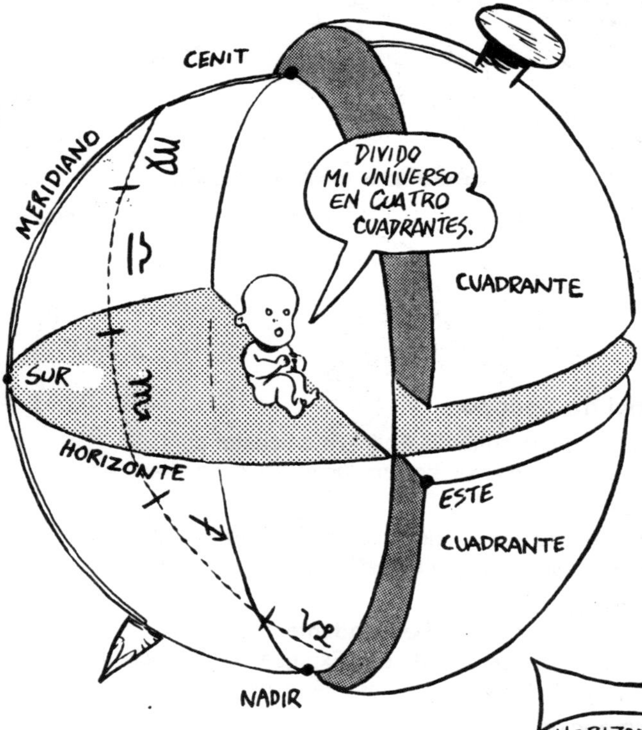

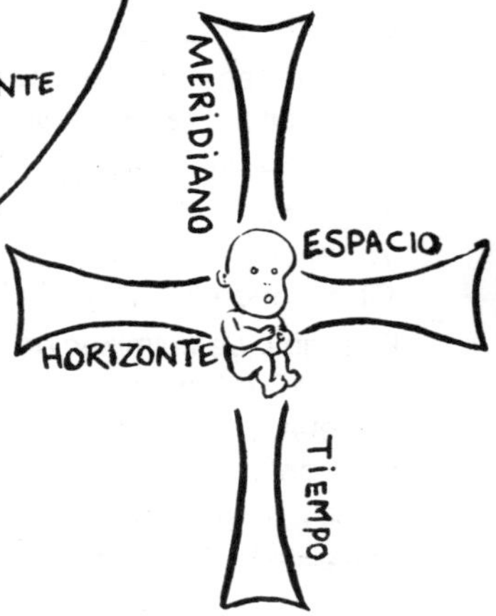

El meridiano y el horizonte forman una cruz,
que forja cuatro cuadrantes en nuestro cielo local. Esta es la cruz que cargamos, el destino que nos ha sido asignado.

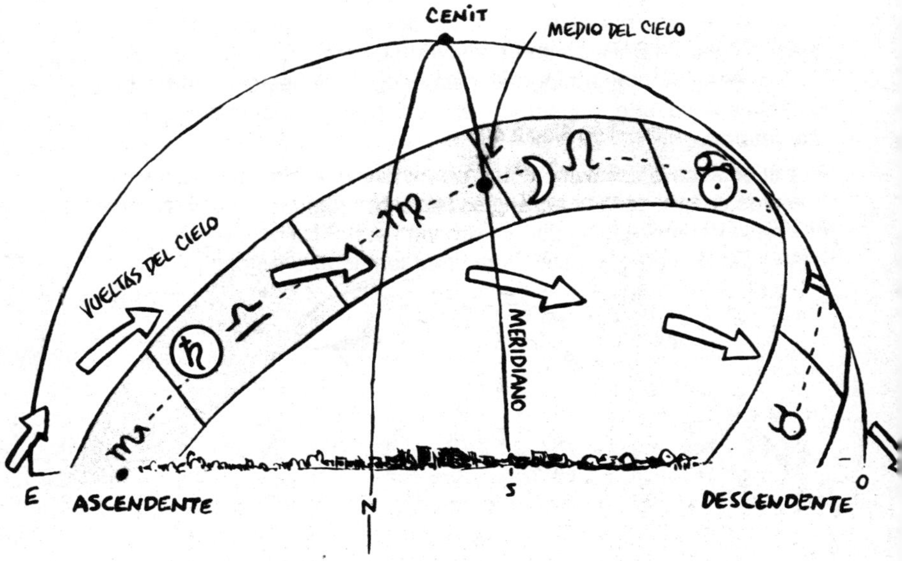

Los ángulos del horóscopo

El Horizonte y el Meridiano cortan la Eclíptica en cuatro puntos, asociando el horóscopo con el simbolismo universal del zodíaco en los cuatro **Angulos**.

El grado en el que el zodíaco se eleva sobre el horizonte oriental es el **Ascendente.** Representa lo que se esta formando, el cuerpo e identidad únicos del individuo.

El grado en el que se oculta es el **Descendente**. Opuesto al Ascendente, simboliza lo que deja de ser. Expresa la existencia del Otro, donde se incluyen las asociaciones y la unión sexual.

El ángulo de culminación, pasando el punto más alto del meridiano, es el **MC** (Medium Coeli), el Medio Cielo. El meridiano une al cenit con el polo; por lo tanto el MC simboliza el destino, la vocación y la autoridad.

En el extremo opuesto al MC se encuentra el **IC** (Imum Coeli). Representa los ancestros y el hogar.

Cada uno de los cuatro cuadrantes se trisecta dando origen a las doce **Casas** del horóscopo; ellas muestran los distintos ámbitos de la vida.

Los cuadrantes suelen tener arcos zodiacales desiguales, y aunque los astrólogos suelen concordar en la **interpretación** de las casas, existen muchas maneras de realizar los **cálculos matemáticos** para trisectar los cuadrantes. Así surgen "sistemas de casas" rivales que dan como resultado posiciones zodiacales diversas para las cúspides de casas intermedias (entre ángulos). Qué problema, ¿no? El sistema prevaleciente es el de **Placidus**, un monje italiano del siglo XVII, con su derivación moderna: el **Sistema Topocéntrico.**

Otro criterio deja de lado la trisección de los cuadrantes y simplemente crea las casas dividiendo el zodíaco en doce segmentos iguales de 30 grados cada uno a partir del Ascendente (**sistema de casas iguales**).

El horóscopo puede diagramarse de diversas maneras.

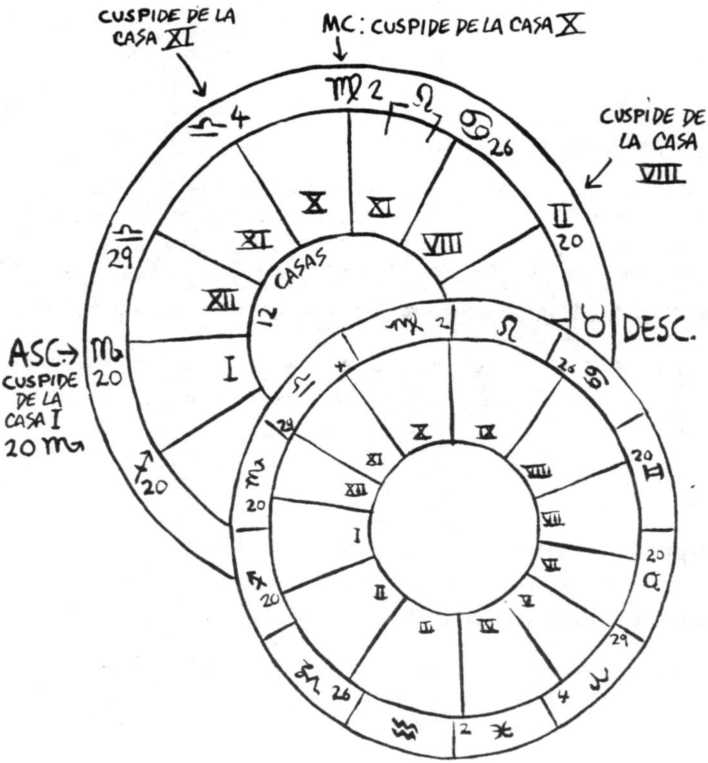

El significado de las casas

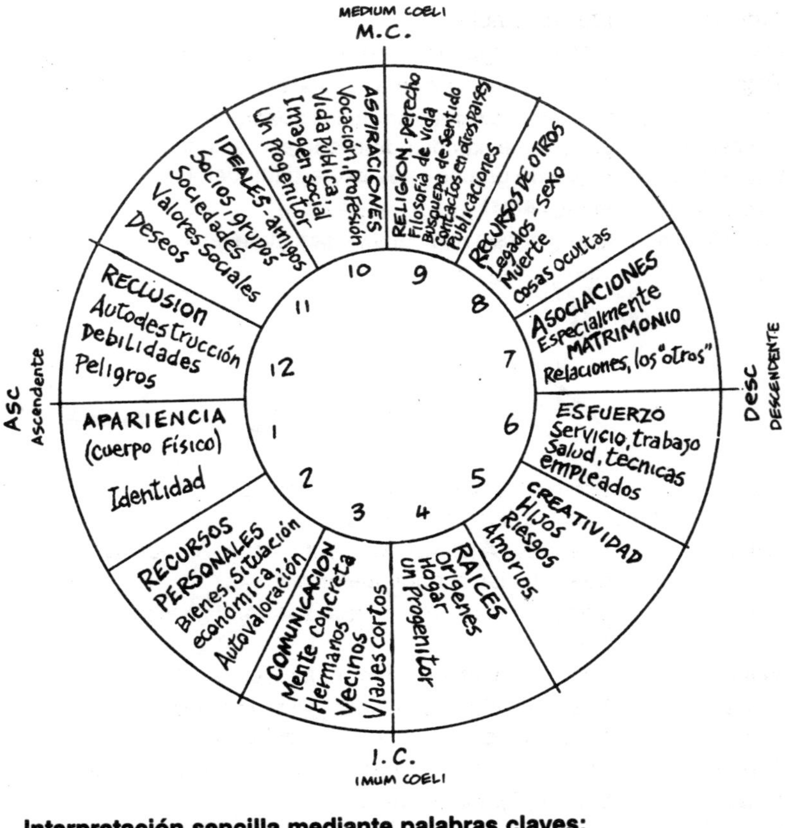

Interpretación sencilla mediante palabras claves:

Tomemos el **planeta** operando como **signo,** en una **casa.**

Ej. **Marte en Capricornio en la 2ª**: energía (Marte) expresada en forma ambiciosa pero prudente (Capricornio) en lo referente a las finanzas (2ª). En una carta natal, esto puede revelar la existencia de aptitudes para trabajar arduamente y lograr objetivos a largo plazo en temas que involucren dinero y recursos. Es un rasgo positivo para un director financiero.

Palabras claves

Signos	Modo de operación
Aries	emprendedor, enérgico
Tauro	constructor, posesivo
Géminis	comunicativo, divisivo, cuestionador
Cáncer	protector, nutritivo
Leo	creativo, organizador, grato
Virgo	analista, discriminador
Libra	equilibrante, armonizador, reactivo
Escorpio	penetrante, intenso, reservado
Sagitario	buscador, explorador, visionario
Capricornio	ambicioso, dominante, prudente
Acuario	escrupuloso, comunitario, indiferente
Piscis	altruista, devoto

Planetas

Sol	Esencial, el yo, principio creador, poder, vitalidad, función paterna.
Luna	Reacción, fluctuación, instinto, hábito, capacidad de escuchar, función materna.
Mercurio	Comunicación, inteligencia, mente, expresión personal.
Venus	Evaluación, amor, relación, atracción.
Marte	Energía, voluntad, deseo, fuerza impulsora, necesidad de sexo, autoafirmación, ira.
Júpiter	Expansión, oportunidad, conservación, protección.
Saturno	Límites, forma, contención.
Urano	Revolución, desorden, disociación.
Neptuno	Vaguedad, idealismo, fantasía, confusión, ansias.
Plutón	Destrucción, eliminación, regeneración, transformación.

Datos de cartas utilizados en este libro:

Marlon Brando, 3 de abril de 1924, 11:00 p.m. CST (Hora Central Estándar), Omaha, Nebraska, U.S.A. (41N17, 96O01).

Coronación de Guillermo I, Navidad, mediodía local verdadero, Westminster, Londres, Inglaterra (51N30, 0O07).

Oliver Cronwell, 25 de abril de 1599 (OS), 5 de mayo 1599 (NS), 3:00 a.m. LMT (Hora Local Media) (+/- 1 hora), Huntingdon, Inglaterra (51N15, 0O12).

Princesa Diana, 1º de julio de 1961, 7:45 p.m. BST (Horario de Verano Británico), Sandringham, Inglaterra (52N50, OE30). Otra fuente cita la hora 2:00 p.m.

Bob Dylan, 24 de mayo de 1941, 9:05 p.m. CST, Duluth, Minnesota, U.S.A. (46N47, 92O07).

M. C. Escher, 17 de junio de 1898, 7:18 a.m. LMT, Leeuwarden, Países Bajos (53N12, 5E46).

F. Scott Fitzgerald, 24 de septiembre de 1896, 3:30 p.m. LMT, St. Paul, Minnesota, U.S.A. (44N57, 93O06).

Henry Ford, 30 de julio de 1863, 2:00 p.m. LMT (+/- 1 hora), Greenfield, Michigan, U.S.A. (43N11, 85O15).

Sigmund Freud, 6 de mayo de 1856, 6:30 p.m. LMT, Freiberg, Moravia (49N38, 18E09).

Enrique VIII, 28 de junio de 1491 OS, 8:45 a.m. LMT, Greenwich, Inglaterra (51N29, 0O00).

Carl Jung, 26 de julio de 1875, 7:32 p.m. LMT, Kesswil, Suiza (47N36, 9E19).

Vladimir Lenin, 22 de abril de 1870 (NS), hora desconocida, Simbirsk, Rusia (54N17, 48E26).

Karl Marx, 5 de mayo de 1818, 2:00 a.m. LMT, Trier, Alemania (49N45, 6E06).

Benito Mussolini, 29 de julio de 1883, 2:00 p.m. LMT, Dovia il Predappio, Italia (44N13, 12E02).

Margaret Thatcher, 13 de octubre de 1925, 9:07 am GMT (Hora Media de Greenwich), Grantham, Inglaterra (52N56, 0O39); rectificación de 9:00 a.m. hora denunciada.

Mao Tse-tung, 26 de diciembre de 1893, 7:00-9:00 a.m. LMT, Siangton, Hunau, China (27N55, 112E47).

Rodolfo Valentino, 6 de mayo de 1895, 2:45 a.m. MET, Castalleneta, Italia (40N53, 17E14).

Julio Verne, 8 de febrero de 1828, 12:00 p.m. LMT, Nantes, Francia (47N13, 1O33).

Duque de Wellington, 1º de mayo de 1769, 11:58 p.m. LMT, Dublín, Irlanda (53N20, 6O15).

Carta Horaria, "¿Debería aceptar el trabajo en la editorial?", 27 de enero de 1995, 10:09 a.m., Isleworth, Inglaterra (51N28, 0O29).

PARTE III: INTERPRETACION DE LA CARTA NATAL

Armando el rompecabezas

Saber combinar los planetas, los signos y las casas es el ABC de la interpretación de horóscopos. Existen dos métodos principales. El primero (el que suele aparecer en los libros de texto) se basa en **palabras claves y principios;** el segundo (característico de la astrología práctica) involucra **imágenes simbólicas** y **contexto.**

1. Palabras claves y principios

El astrólogo busca **principios cósmicos** ideales reflejados en el mundo o en la personalidad. Además, al encontrar las **palabras claves** que se aproximan al principio correspondiente a cada factor astrológico, es posible dar una interpretación teórica a cualquier combinación que aparezca en el horóscopo.

Ejemplo: Urano y Neptuno en Sagitario en la 10ª; los principios de **revolución/desorden** e **idealismo/fantasía** expresan una actitud **visionaria/exploradora** (Sagitario) en lo referente a carreras o vocaciones (10ª). En una etapa posterior, este cúmulo de información es reelaborado dando como resultado una interpretación natural y coherente.

2. Imágenes simbólicas y contexto

En este enfoque se considera que los símbolos son asociaciones poéticas azarosas que reflejan el contenido específico. Existen innumerables asociaciones, imágenes concretas y conceptos abstractos, pero **no principios determinantes**, aparte de los propios factores astrológicos.

El ejemplo de Urano-Neptuno en Sagitario fue tomado de la carta natal de Karl Marx, y uno de sus significados es indudablemente la casi mística **meta de revolución permanente** de Marx, su vocación o ambición última (10ª).

Reseña breve del carácter

La **reseña breve del carácter** combina en una "síntesis" las palabras claves correspondientes a los signos en los que se encuentran **el Sol, la Luna y el Ascendente**.

El **Sol** representa la esencia de una persona, el principio rector de su integridad individual. El **Ascendente** (apariencia e identidad) y la **Luna** (hábito y reacción) pueden complementar u ocultar esta esencia.

Ejemplo: ***Margaret Thatcher***

El Sol en Libra, se manifiesta a través del Ascendente en Escorpio, y la Luna en Leo. La naturaleza más reactiva que armónica del Sol libriano sale a relucir a través de un Ascendente en Escorpio tenaz y vengativo, complementada por una Luna majestuosa y extravagante en Leo. La combinación Escorpio-Leo que se da en Margaret Thatcher es poderosa y dominante, incluso intimidatoria, y así es como se la ve.

Comparemos a Thatcher con: ***Benito Mussolini***

El Sol en Leo; se manifiesta a través del Ascendente en Escorpio; la Luna en Géminis. El glorioso —o fanfarrón- Sol de ***Il Duce*** en el real Leo está complementado con un Ascendente hipnótico en Escorpio y una Luna en Géminis, brillante para la comunicación masiva y la propaganda política.

Procuren hacer lo mismo con cualquier horóscopo que llegue a sus manos. ¿Pero cómo se trabaja con la carta entera?

Orden para interpretar una carta natal

No intenten interpretar todos los planetas, en todos los signos, en todas las casas. Es aburrido e ineficaz. En su lugar, traten de **encontrar lo relevante**; descubran en la carta lo importante y singular. Empleen todo lo que saben sobre la persona como contexto para dar forma al simbolismo.

Nueve pasos fáciles para interpretar cartas natales

Los primeros dos pasos proporcionan un contexto general. Los restantes describen un esquema más específico. Al analizar cada planeta debe tenerse en cuenta su fuerza o debilidad según cada signo.

Paso 1. Trazar la reseña breve.

Paso 2. Observar los elementos y modos asociados a los planetas. ¿Existe alguna preponderancia, o falta algún elemento o modo?

Paso 3. Para descubrir qué tiene de especial **esta** carta deben buscarse los detalles en el regente Ascendente y ver si aparece algo llamativo acerca de su signo, casa o aspecto cercano. Esto pondrá de relieve una temática fundamental en la vida.

Paso 4. Analizar cualquier planeta que se encuentre en un ángulo (orbe de 5 grados). Ese planeta va a dominar la vida, en especial si se encuentra en el Ascendente.

Paso 5. Ver si algún planeta se encuentra en una cúspides de casa intermedia (orbe de 2 grados), realzando esa casa.

Paso 6. Buscar aspectos principales cercanos (orbe de 1 grado), o conjunciones importantes, que involucren especialmente al Sol o la Luna. Ello revelará un tema importante.

Paso 7. Descubrir las estructuras de aspectos. Si en ellas se incluyen los factores mencionados entre los pasos 3 y 6, no cabe duda de que la estructura es importante y debe interpretársela.

Paso 8. Buscar los planetas que se destaquen por:

- ser único planeta en un hemisferio (*singleton*);
- tener muchos aspectos fuertes;
- estar en conjunción cercana con los Nodos o la Parte de la Fortuna.

Paso 9. Evaluar si ha surgido una temática, reiterada por factores diferentes.

Intentemos seguir los pasos con la carta natal de Freud.

Sigmund Freud Analizado

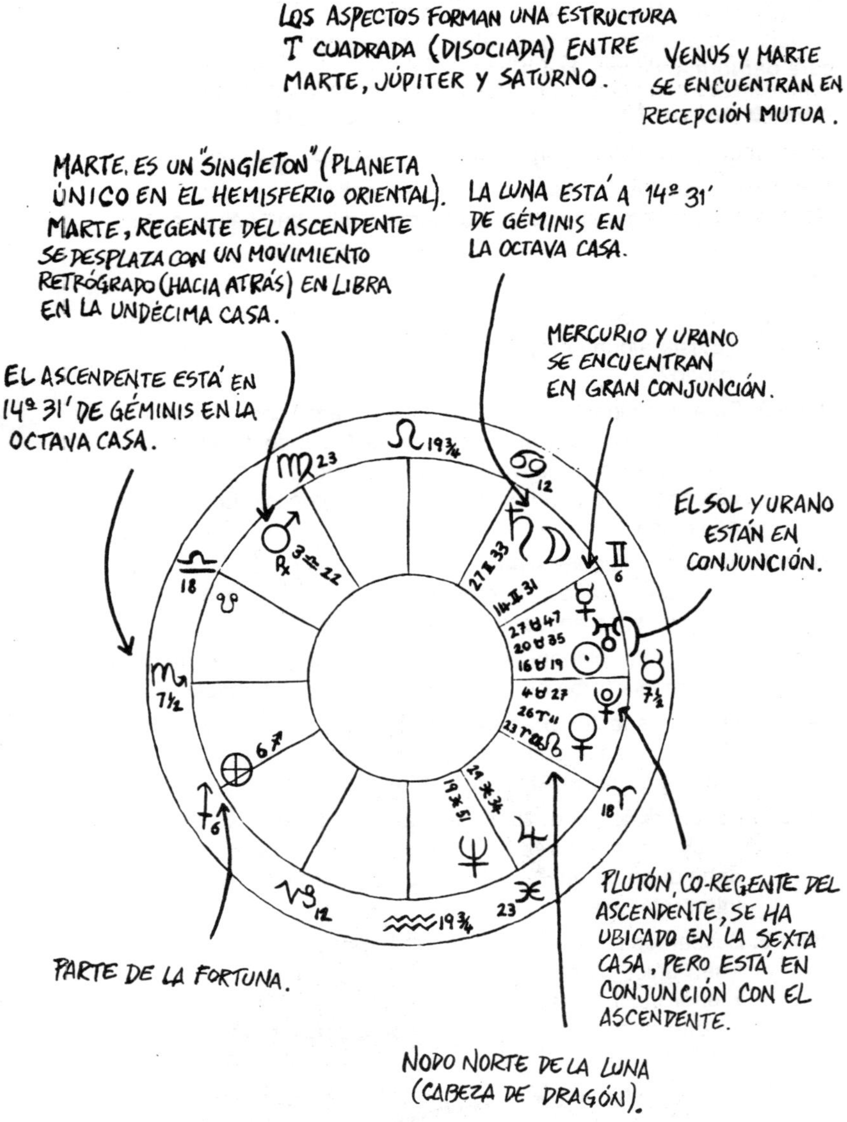

Paso a paso por la Carta de Freud

Pasos 1 y 2: El contexto

Sol en Tauro, Ascendente en Escorpio, Luna en Géminis

Escorpio se eleva... el signo de la psicología, la sexualidad y la muerte.

El Sol llano y empírico de Freud en Tauro soporta estos reinos emocionales con obcecada persistencia, creando un cierto tipo de práctica médica.

Es un médico (Tauro-Escorpio) curioso por conocer los procesos mentales (Luna en Géminis).

No aparecen desigualdades marcadas entre los elementos o los modos, por lo que no hay nada para decir al respecto.

Pasos 3 y 4: Regentes ascendentes, planetas en ángulos

Escorpio se eleva, regido por Marte y Plutón

Plutón: el amo del infierno, Plutón, domina el horizonte de Freud y anuncia la temática de su vida: el descubrimiento del inconsciente.

Simboliza su fascinación por Tánatos (instinto de muerte), y su deseo de transformar (Plutón) a los otros (7ª).

Su matrimonio (7ª) **no refleja** esto, pero sus importantes asociaciones (7ª) con pares revelan el poder destructivo y la lucha de Plutón en destierro en Tauro (como se comprueba por lo que le pasó con sus colegas Breuer, Fliess y Jung).

Marte retrógrado, introvirtiendo energía, en la casa 11ª de lo colectivo, los colegas, los ideales y deseos. La teoría sexual de Freud (Marte en Libra en la 11ª) dio origen a una colectividad, la comunidad psicoanalítica (casa 11ª), pero Freud tuvo que luchar (Marte), incluso con sus amigos (11ª).

Paso 5: No hay ningún planeta en cúspides intermedias.

Paso 6: Aspectos cercanos, conjunciones importantes.

No se presentan aspectos planetarios muy cercanos, pero importa observar la conjunción entre el Sol y Urano. Destaca la temática de la 7ª (el Otro) ya señalada por Plutón en la 7ª cúspide; y el Sol representa la vocación de Freud (rige su MC). La conjunción con el revolucionario Urano muestra su genio y, al mismo tiempo, la sensación de ser un marginal, que lo acompañó toda la vida.

Paso 7: Estructuras de aspectos

Aparece una T-cuadrada, disociada, entre Marte, Júpiter y Saturno, mediada por Mercurio.

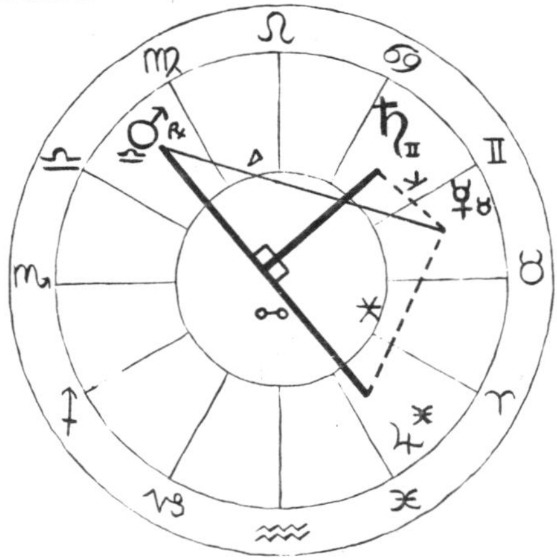

La lucha entre Marte y Júpiter es el eje central y se presenta en Freud como "el deseo de realizar una obra de gran magnitud".

La obra creativa de Freud fue inspirada por sus propios hijos y por el reino imaginativo del niño (el Complejo de Edipo).

En la T-cuadrada surge una temática freudiana clave: el **deseo inconsciente** (Marte retrógrado en la 11ª) resulta **censurado** (Saturno en Géminis en la inconsciente 8ª), pero aparece expresado como cumplimiento de deseos (Marte opuesto a Júpiter), en particular a través de la **libre asociación** y del **sueño** (Júpiter en Piscis). La cuadratura entre Marte y Saturno también sugiere una temática edípica, el deseo (Marte) de matar (8ª) al padre (Saturno).

Si leemos los símbolos de esta forma, la T-cuadrada no sólo se refiere a la personalidad de Freud, sino también a la índole de su contribución creativa.

Paso 8: Otros factores excepcionales

Marte es un un planeta único, lo que refleja su importancia como regente del Ascendente y como fuerza directriz de Freud. Lo convierte en alguien especial.

Paso 9: Temáticas de la carta

La interpretación se ve garantizada por los "testimonios", que repiten las temáticas del horóscopo. En Freud, la preponderancia de las casas 7ª y 8ª se **aprecia** a simple vista, pero esas mismas temáticas aparecen una y otra vez en toda la carta.

El regente del Ascendente, Marte, en Libra se encuentra en el **7º signo** de las relaciones.

Plutón está en la **7ª cúspide** de los asociados.

Marte se presenta en recepción mutua con Venus, planeta cuya naturaleza son las relaciones, y Venus rige la 7ª casa (Tauro está en la cúspide).

La propia Venus se encuentra resaltada por la conjunción con el Nodo Norte.

La sexualidad y el instinto de muerte se ven reflejados en Escorpio, el 8º signo, que se eleva, con la Luna y Saturno en la 8ª casa, y por encima de todo, un Plutón angular.

¿En qué medida nuestra interpretación depende del contexto?

En la astrología práctica la respuesta es: en gran medida.

Por ej., tanto **Freud** como **Thatcher** tienen el Ascendente en Escorpio con su regente Marte en Libra en la 11ª Casa. Estos factores hacen que la primer ministro sea la "más importante entre sus pares" en su gabinete; lo mismo ocurre con Freud y sus colegas.

Así, Marte puede ser **sexo** o **guerra,** y la 11ª puede reflejar amigos, política o ideales, según el contexto.

Por otra parte, no necesitamos ningún contexto para inferir que ambos lucharán por sus ideales, incluso contra sus colegas (Marte, Libra, 11ª).

DESPLAZAMIENTO TEMPORAL DE LA CARTA NATAL

Mediciones temporales

La carta natal es para toda la vida, pero las mediciones temporales hacen jugar diversos rasgos de su simbolismo en diferentes momentos de la vida. La principales técnicas modernas son:

1. **Ciclos y revoluciones**
2. **Tránsitos**
3. **Progresiones**

Comencemos por los **ciclos y revoluciones.**

Ciclos: A medida que los planetas se desplazan a través del zodíaco, completan sus circuitos de doce signos en diferentes períodos. Los ciclos de Mercurio y Venus varían, pero son de aproximadamente un año. El ciclo de Marte es de alrededor de dos años.

Júpiter	-	12 años
Saturno	-	29 años
Urano	-	84 años
Neptuno	-	165 años
Plutón	-	248 años

Los ciclos totales y parciales de los planetas más lentos tienen especial relevancia en la determinación de las fases de la vida. La forma de interpretar los ciclos depende de la naturaleza del planeta y de su ubicación en el horóscopo.

Revoluciones: Cuando un planeta completa un ciclo y regresa a su posición natal se produce una **revolución.** Todos los planetas, excepto el Sol y la Luna, hacen tres y hasta cinco pasadas si luego de cruzar por la posición natal inician un movimiento retrógrado (hacia atrás).

La **Revolución Solar** tiene lugar una vez por año, cerca de la fecha de cumpleaños de cada uno, cuando el Sol completa un ciclo de 360 grados y regresa a la posición en la que estaba en el momento del nacimiento.

EL CICLO DE SATURNO

El ciclo de revolución de Saturno, de 29 años, señala una ocasión para autoevaluarse y reencaminar la vida por un sendero verdadero. Indica responsabilidad, consolidación y exigencia de autenticidad. Sus aspectos negativos son la pérdida del rumbo, las dudas, el sufrimiento y los daños personales.

En los mitos religiosos suele considerarse que los 30 años es la edad decisiva, en la que los grandes maestros oyen el llamado divino.

Cristo comenzó su Misión a los 30 años y el **príncipe Gautama Buda** realizó su Gran Acto de Renuncia a la misma edad.

¿Y ustedes?...

EL CICLO DE JUPITER

La revolución de Júpiter a los doce años simboliza la expansión y el desarrollo personal, la búsqueda de algo más importante y mejor, en especial a través de los viajes, el derecho, la procreación, la religión y la filosofía. Júpiter también simboliza los excesos y el orgullo desmedido; sin embargo, los acontecimientos aciagos que ocurren en la revolución de Júpiter tienen a menudo desenlaces positivos. Las personas regidas por Júpiter, Sagitario y Piscis suelen llevar un ritmo de doce años al igual que su planeta regente. ¿Al lector le ocurre lo mismo?

Un ciclo de Júpiter en la Vida de un Rey Ocupado

12 febrero 1533 **Semiciclo de Júpiter** (24 sagitario 24) primer contacto, dieciocho días antes (25 de enero), Enrique contrae matrimonio en secreto con Ana Bolena.

8 mayo 1527 **3ª revolución de Júpiter** (24 Géminis 24) Nueve días después (17 de mayo) Enrique inicia acciones legales para disolver su matrimonio con Catalina.

Las luchas religiosas de **Enrique VIII** (1491-1547) tienen lugar entre **la 3ª y la 4ª revolución de Júpiter.** Su ruptura con Roma fue provocada por su deseo de volver a contraer matrimonio a fin de tener un heredero del sexo masculino. La carta natal de Enrique revela la razón de la clara influencia de este ciclo. Júpiter en Géminis (disputas religiosas) se encuentra fortificado en su 10ª casa, en oposición al disolvente Neptuno. Ambos planetas rigen la 7ª casa del matrimonio.

Este ciclo de Júpiter ubica en el tiempo con gran precisión los hitos de la vida de Enrique. También muestra que el semiciclo puede ser parte de la temática.

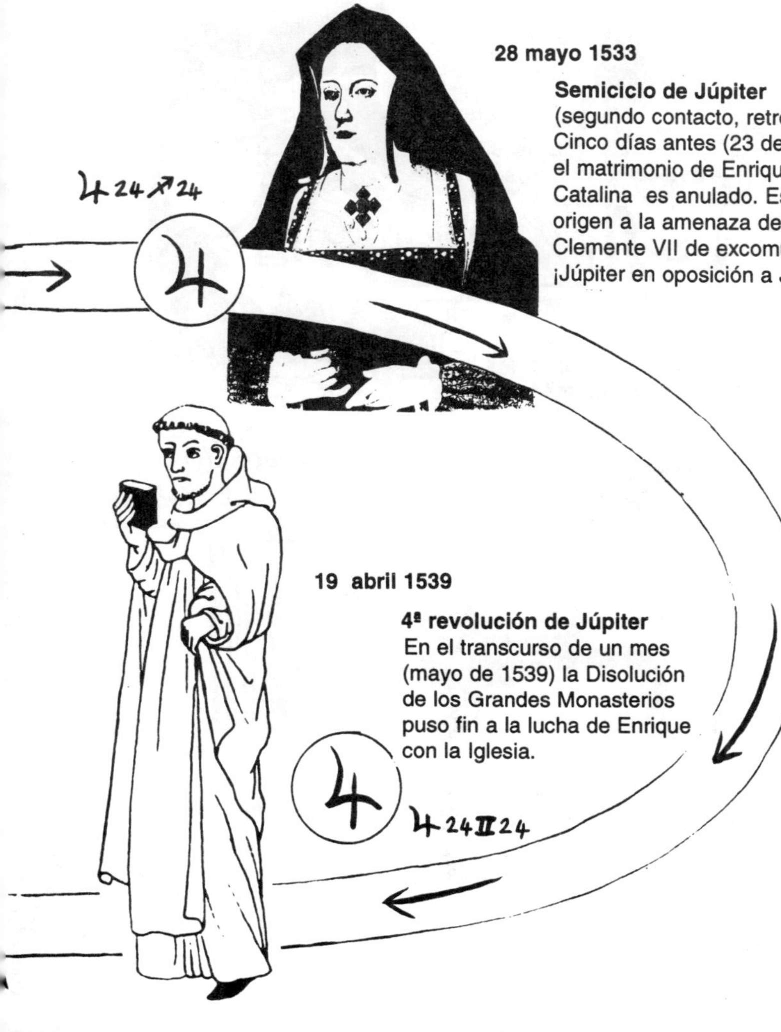

28 mayo 1533

Semiciclo de Júpiter
(segundo contacto, retrógrado)
Cinco días antes (23 de mayo), el matrimonio de Enrique con Catalina es anulado. Esto da origen a la amenaza del papa Clemente VII de excomulgarlo. ¡Júpiter en oposición a Júpiter!

19 abril 1539

4ª revolución de Júpiter
En el transcurso de un mes (mayo de 1539) la Disolución de los Grandes Monasterios puso fin a la lucha de Enrique con la Iglesia.

EL CICLO DE URANO

Urano tiene un ciclo de 84 años. La excentricidad orbital provoca que la duración del semiciclo oscile entre 38 y 46 años.

El semiciclo marca la crisis astrológica de la madurez, que simboliza la predisposición para los cambios urgentes o para el colapso; el despertar de deseos reprimidos. Puede indicar la liberación de restricciones del pasado y un renacimiento creativo, o traumas repentinos, rupturas e irresponsabilidad.

El psicólogo **Carl Jung** (nacido el 26 de julio de 1875) sufrió un colapso psicótico entre 1913 y 1916, centrado parcialmente en la semirrevolución de Urano que tuvo lugar en 1915.

El fabricante **Henry Ford** (1863-1947) tenía a Urano en Géminis y en 1903, luego de su semirrevolución de Urano, fundó la Ford Motor Company.

Ford falleció a los 84 años a un día de su revolución de Urano, el 7 de abril de 1947.

TRANSITOS

A medida que los planetas describen sus ciclos a través del zodíaco, pasan por delante de —o los **transitan**— planetas y otros puntos importantes del horóscopo natal. Los tránsitos de los planetas más lentos por conjunción y oposición son los de mayor relevancia.

La técnica de los tránsitos es sencilla y expeditiva. Se los puede hallar observando la ubicación de los planetas en la efemérides de una fecha determinada.

Los planetas en tránsito afectan a los planetas o factores natales según su naturaleza. Por ejemplo...

- Saturno en oposición al Marte natal **limita** (= Saturno) el **deseo** (= Marte).
- Júpiter en conjunción con el Medio Cielo natal provoca una **expansión** (= Júpiter) en el aspecto **profesional** (= MC).

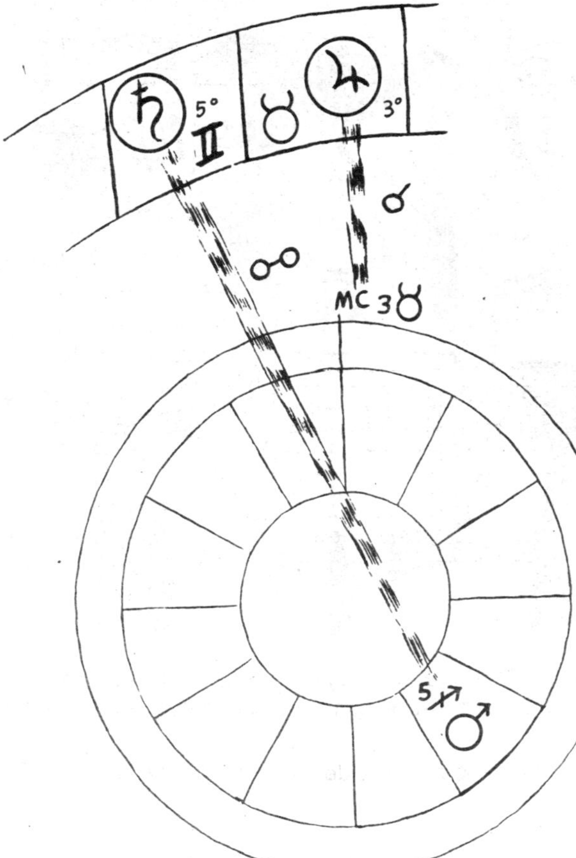

Influencia de los tránsitos en los factores natales

Tránsitos de Júpiter	expanden, liberan, promueven actividades, permiten la prosperidad.
Tránsitos de Saturno	restringen, frustran, consolidan, atrasan, ponen fin a actividades, provocan miedo y crean responsabilidad.
Tránsitos de Urano	revolucionan, desafían, separan, generan despidos de empleos, luchas por la independencia.
Tránsitos de Neptuno	idealizan, renuncian, confunden, embarcan, sacrifican, engañan, distorsionan, purifican, trascienden.
Tránsitos de Plutón	transforman, reviven, destruyen, purgan, aterrorizan, rechazan, profundizan.

Los tránsitos por los planetas más veloces pueden ser eficaces, pero su campo de acción suele ser restringido.

PROGRESIONES - ¡Esto sí que es serio!

Las progresiones secundarias apartan a los planetas de sus posiciones natales, empleando una medida de tiempo simbólica durante la cual los dos ciclos de la relación Tierra-Sol, el DIA y el AÑO, se reflejan mutuamente.

En promedio, el Sol progresa algo menos que un grado por año de vida y la Luna progresa un grado por mes; los demás planetas presentan valores variados. Las progresiones pueden archivarse durante un año antes y después del punto exacto, con excepción de la Luna, cuya progresión sólo resulta relevante para el mes de su contacto.

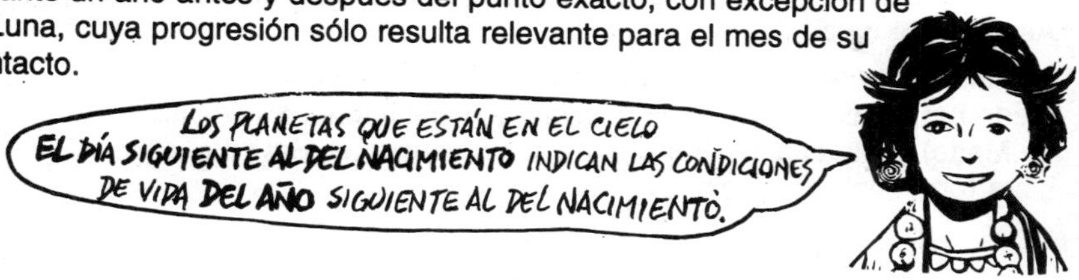

El Medio Cielo está progresado en la misma cantidad de grados que el Sol progresado. El Ascendente también se ha desplazado... pero ¡basta ya! ¡Esto se está volviendo demasiado técnico!

Cuando los planetas progresados entran en contacto con los planetas natales se producen cambios importantes.

Por ejemplo, **Bob Dylan** (nacido el 24 de mayo d 1941) tiene al Sol en 3 grados de Géminis y a Mercurio en 23 grados de Géminis. En 1961 tenía veinte años y su Sol progresado se encontraba en conjunción con Mercurio. Ese año Dylan actuó en el Carnegie Hall, de Nueva York, y firmó su primer contrato de grabación.

Margaret Thatcher declaró la guerra por las Islas Malvinas (abril de 1982) en el año que Marte (el planeta guerrero) progresaba hacia su Ascendente natal.

Los tránsitos encajaron a la perfección: Marte en tránsito cruzó su Marte natal a pocas horas de la invasión argentina (una revolución de Marte), justo cuando Saturno estaba cruzando su Sol natal en Libra (una decisión difícil).

La Progresión de Freud por la "Vía Regia al Inconsciente":
Siguiendo a su revolución de Saturno, en junio de 1885 Freud descubrió su vocación:

LA MAQUINA DEL DESTINO

Las mediciones del tiempo nos ayudan a comprender el simbolismo de la carta, pues podemos ver los resultados que produjo en el pasado. A medida que los ciclos planetarios se van desplegando en el tiempo, parecen desplegar el destino humano, lo que permite formular predicciones. El movimiento planetario se identifica con el destino. ¿Recuerdan a Manillus (pág. 22) y a sus inmutables leyes del destino?

A veces los astrólogos logran predecir hechos con bastante exactitud recurriendo a las mediciones del tiempo, y como los tránsitos y progresiones pueden calcularse con precisión técnica para cualquier fecha futura, parecería que también nuestro destino es un mecanismo. Entonces comenzamos a imaginar los cielos como una terrible **Máquina del Destino**.

La referencia a "tendencias" y "potenciales" no hace más que eludir la cuestión. Aún así, seguiremos imaginándonos **destinados** por una **tendencia** de Saturno.

Entonces... ¿la astrología puede predecir?

Sí, ¡pero el astrólogo nunca está completamente seguro de **cuándo** y **en qué forma** va a predecir! Ello se debe a que los **movimientos planetarios** y el **simbolismo planetario** son órdenes de fenómenos completamente diferentes.

Como ocurre con todas las formas de adivinación, el conocimiento previo sólo puede adquirirse en el marco de un acto creativo en el que se tenga en cuenta el contexto y el propósito de la adivinación. Afortunadamente para todos, la astrología es un arte interpretativo, y no una ciencia determinista de las causas.

En realidad, el lenguaje simbólico de la astrología convierte al universo del astrólogo en un paraje misterioso y poético...

PARTE IV: EL UNIVERSO DEL ASTROLOGO

Las grandes eras

La astrología lee el TIEMPO y la HISTORIA a través de símbolos.

El marco temporal más amplio de la astrología práctica es el ciclo de 25.868 años en el cual se completa la PRECESION del equinoccio, el punto 0 en Aries (véanse págs. 30-31). El equinoccio se desplaza hacia atrás a través de cada una de las doce constelaciones zodiacales de estrellas fijas, creando las "Grandes Eras" de aproximadamente 2.000 años cada una.

La era de Aries

Las dos estrellas más brillantes de la constelación de Aries son Hamal (El Nath) y Sharaton. El Punto Primaveral atravesó las longitudes de estas estrellas entre los años 713 a.C. y 446 a.C., y una explosión "ariana" de nuevas ideas y profesores transformó a China (Confucio, siglo VI a.C.), Grecia (surgimiento de las ciudades-estados griegas) e India (Gautama Buda, siglo VII a.C.).

La era de Piscis

En la actualidad estamos en la cola de Piscis y alrededor del año 2300 DC. e ingresaremos en la "Era de Acuario". El punto del equinoccio alcanzó la Estrella Knot (Al Rischa) que envuelve al pez de Piscis en el año 111 AC., y en la superposición de Aries con Piscis nació Cristo, el último Cordero (Carnero) de la Era de Aries y el primer Pez del altruista Piscis.

Para Jung los dos peces mostraban la división que establece el cristianismo entre alma y materia. El equinoccio alcanzó la primera estrella del segundo pez en 1817; y el surgimiento de una ciencia secular en esta era cumplió las antiguas predicciones acerca del "Anticristo". Marx también nació en 1818.

Firmas

A menudo, cuando observamos la carta natal de alguien famoso, nuestro contexto de interpretación no está constituido por su psicología personal o por su vida cotidiana. Lo que llama nuestra atención es **lo que esa persona representa o lo que creó.** Estos datos aparecerán en el horóscopos como cuadros o **firmas** simbólicos. Ya hemos realizado esta clase de interpretación con la teoría sexual de Freud, que aparece expresada en la T-cuadrada de su carta natal. A continuación se muestra otro ejemplo asombroso.

Karl Marx nació pocas horas antes de que se produjera un eclipse Solar en Tauro, el 2º signo, y los factores del eclipse se encuentran en conjunción en su 2ª casa (Cabeza de Dragón, Luna, Sol). En el plano personal, ello podría representar problemas con las ganancias (2ª, Tauro), o una necesidad de hallar nuevos valores (Luna Nueva en la 2ª) en su vida. ¿Pero qué importa?
Observemos el simbolismo
de TAURO, el Toro = CAPITAL.

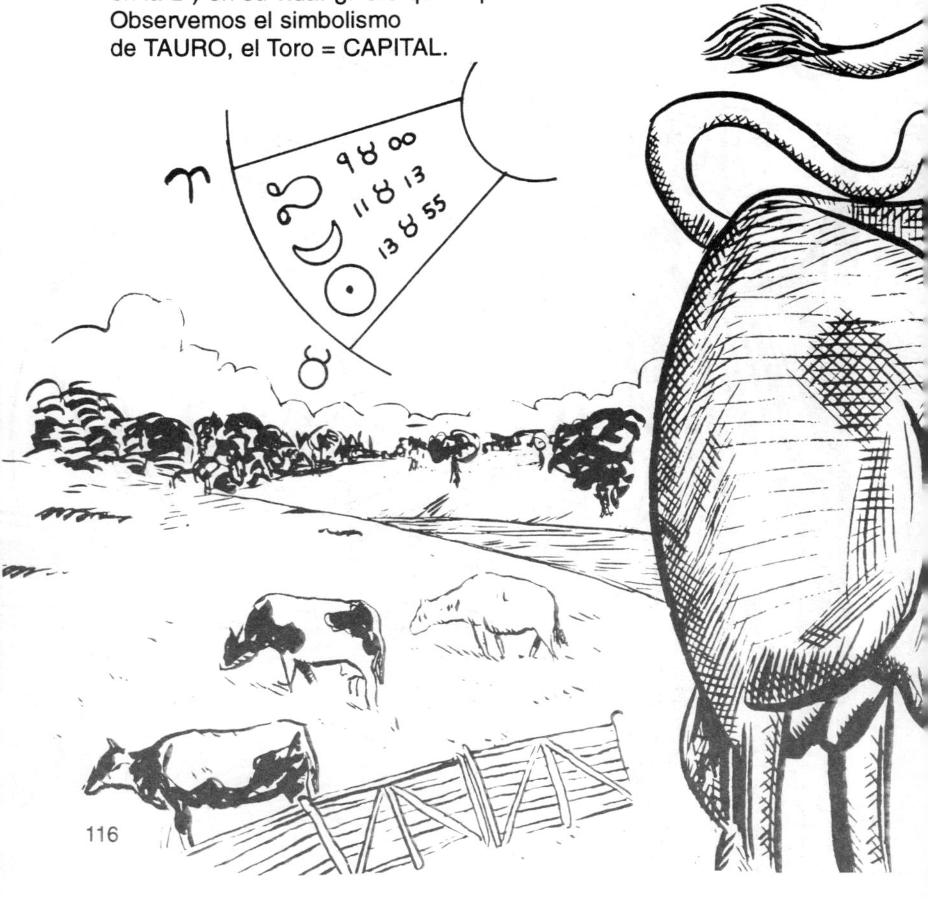

Las palabras **capital** y **ganado** tienen la misma raíz latina ***caput***-cabeza (= cabeza de ganado). La palabra latina para el ganado, ***pecus***, forma **pecuniario**. ***Fee,*** palabra inglesa para **honorarios,** viene del término gótico ***faihi***, ganado. Ahora podemos ver la asociación de Tauro, el Toro, con el dinero en efectivo, la economía y el "valor".

Por lo tanto, el **eclipse en Tauro** es el **eclipse del capitalismo** y la aparición de la gran obra de Marx, **DAS KAPITAL.**

Las firmas enseñan la poesía existente en la astrología.

ASTROLOGIA POPULAR

Las primeras columnas

Los almanaques populares, como el Old Moore, han existido desde el siglo XVII. En el presente siglo, además, comenzaron a proliferar las columnas de horóscopos en los diarios.

Cuando nació la princesa Margaret (21 de agosto de 1930), hermana de la reina Isabel, el *Sunday Express* publicó su horóscopo elaborado por R. H. Naylor (1889-1952). Su popularidad dio origen a la primera columna de astrología el **5 de octubre de 1930.** Naylor también predijo que una aeronave británica correría peligro, y ese día el dirigible R-101 se estrelló en Francia en su vuelo inaugural, provocando una conmoción en todo el país.

En la actualidad, la astrología de diarios y revistas se ocupa más de orientar a los lectores y establecer tipos de personalidad que de predecir desastres. Se basa en grandes aproximaciones astrológicas para cada uno de los doce tipos zodiacales. ¿Cómo?

Casas solares

El método más frecuente es el de las **casas solares**. A fin de generar las lecturas de cada signo para un período específico, se lo ubica en el punto de salida del sol en el este. Las casas se crean a partir de este punto por medio de signos sucesivos.

Por ejemplo: una Luna llena a 10 grados Géminis, en conjunción con Júpiter.

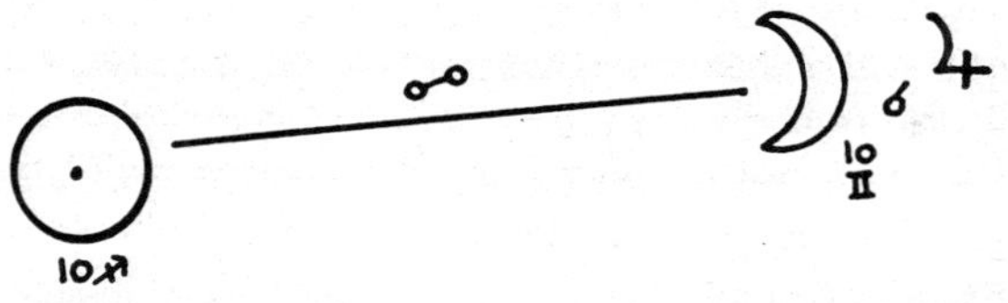

Esta alineación simboliza oportunidades para las cuales quizá deban superarse conflictos. Ocupa las casas 1ª y 7ª (yo y otros) para los de Sagitario, pero la 4ª y 10ª (hogar y carrera profesional) para los de Piscis.

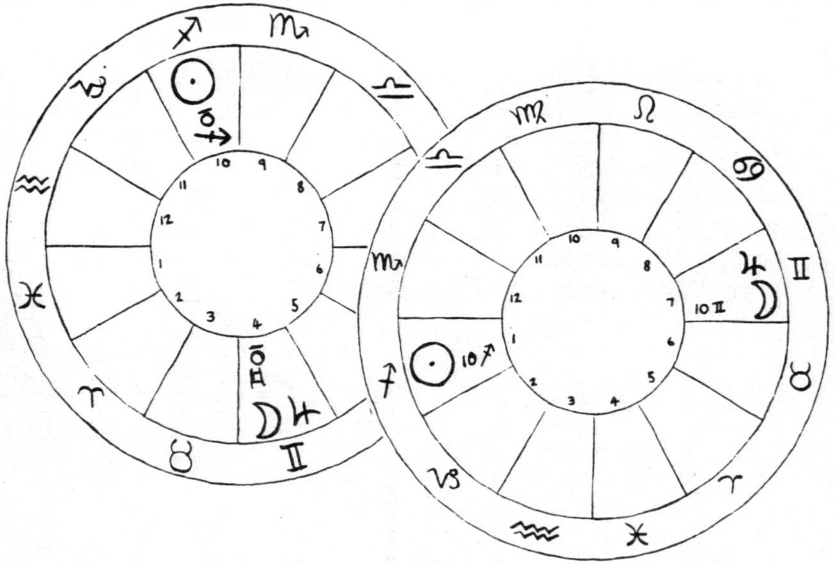

Producir un texto válido con preceptos orientativos para una doceava parte de la población es una tarea simbólica difícil. Las columnas de horóscopos son criticadas por los escépticos y algunos astrólogos "respetables", pero al igual que la música, la astrología tiene una forma *pop* y otra más seria.

ASTROLOGIA HORARIA

La capacidad de la astrología para trazar un cuadro simbólico completo halla su máxima expresión en la **carta horaria**. Se trata del horóscopo elaborado para el momento en que a un astrólogo se le hace una pregunta concreta. El método y la terminología singulares de la técnica horaria apuntan a contestar la pregunta o determinar el desenlace de la situación.

Los planetas se convierten en representantes simbólicos o **significadores.**

Se representa al **indagador** (persona que pregunta) mediante el planeta que rige el signo en el Ascendente.

A lo **indagado** (aquello sobre lo cual se pregunta): mediante el planeta que rige la cúspide de la casa pertinente (p.ej., dinero 2ª).

La **Luna** es un "cosignificador universal". Suele correpresentar tanto al indagador como a la situación en su conjunto.

Gracias a la aplicación de la doctrina de la **perfección** se intenta obtener una respuesta afirmativa o negativa. Cuando los significadores del indagador y de lo indagado se aproximan a un buen aspecto, sin obstáculos, indican un resultado positivo. Si los significadores se separan o no forman ningún aspecto, sugieren que el indagador no va a lograr lo deseado. Puede ocurrir que otros planetas colaboren con los significadores o entorpezcan su acción a través de aspectos.

Por sobre todo, la carta horaria debe ser **radical**, es decir, el simbolismo debe describir claramente la situación sobre la que se pregunta, como veremos en el siguiente ejemplo.

¿Debería aceptar el trabajo en la editorial?

Una mujer desempleada estaba esperando el resultado de una entrevista para trabajar en una empresa del área de recursos humanos.

Así es como se ve la situación en una carta horaria. La carta es **radical**, describe su situación: Marte, regente del Ascendente, en la 6ª casa del trabajo pero en retrogradación, ¡sin trabajo! La Luna como cosignificador está en Sagitario, en la cúspide de la 9ª casa del mundo editorial.

¿Obtendrá el empleo en recursos humanos? No se da la perfección (no aparece ningún aspecto en aproximación) de Marte ni de la Luna (indagador) con los planetas que rigen la 6ª (trabajo) y la 10ª (vocación). Mercurio también se encuentra retrógrado abandonando una reciente oposición de Marte (indagador). Mercurio indica el empleo en recursos humanos (rige al interceptado Virgo en la 6ª), y describe la entrevista y la falta de novedades. La oposición en separación no sugiere un futuro exitoso.

¿DÓNDE SE HALLA LA BUENA FORTUNA? SI SE DESPLAZA COMO LA LUNA EN SAGITARIO EN LA NOVENA CASA E INGRESA EN EL MUNDO EDITORIAL, TENDRÁ BENEFICIOS ECONÓMICOS, PUÉS LA LUNA SE APROXIMA A UNA CONJUNCIÓN DE VENUS, REGENTE DE LA 2ª (DINERO) Y DE LA 7ª (COMPAÑERISMO).
7° 29'
19
20 14
19 32
28
NO RESPONDE A SU VOCACIÓN (NO APARECE INVOLUCRADA LA DÉCIMA CASA), PERO ES LO MEJOR QUE PUEDE HACER EN ESTE MOMENTO.

La mujer aceptó la oferta de comenzar a trabajar la siguiente semana. Más tarde la agencia de colocaciones le informó que la empresa del área de recursos humanos deseaba ver nuevos currículos; ella no les servía. Al poco tiempo le escribió a la astróloga.

Las dos muchachas serviciales son una prueba positiva de la conjunción de la Luna y Venus, ¡dos planetas femeninos en el ansioso Sagitario en la 9ª de los extranjeros y el mundo editorial!

Un mundo de presagios y adivinación...

La técnica horaria parece poner la Máquina del Destino al alcance de la mano; sin embargo (por suerte), las cartas horarias buenas y radicales son poco frecuentes y aparecen en forma casual y no intencional. La astrología horaria está más cerca de la adivinación que de la ciencia, y la idea de Tolomeo sobre el momento simiente en el nacimiento no puede aplicarse satisfactoriamente al "nacimiento" de una pregunta.

La técnica horaria ha sido atacada por importantes **astrólogos:** Tolomeo, Placidus, Morin de Villefranche. Al Biruni sintetiza las objeciones...

A partir de la década de 1970 la técnica horaria comenzó a resurgir. Además apareció la **técnica horaria psicológica,** una moderna innovación que utiliza el método horario para sacar a la luz motivaciones y deseos inconscientes.

ASTROLOGIA MEDICA

La astrología se utiliza para diagnosticar enfermedades recurriendo al vínculo entre el zodíaco, los planetas y el cuerpo. Tradicionalmente se trataban los males con hierbas medicinales, por aplicación de la teoría de las correspondencias y de la doctrina de la simpatía o antipatía. Por ejemplo, por simpatía, una hierba de Venus como la aguja de pastor se utiliza para problemas ginecológicos. Por antipatía, una cálida hierba del Sol, como la hierba de San Juan, o Corazoncillo, contrarresta las frías depresiones saturninas.

La carta de **decumbitur** es un horóscopo confeccionado para la aparición de enfermedades. Simboliza al paciente y su mal, el desarrollo futuro del mal, los momentos críticos y la posible cura.

El herborista inglés **Nicholas Culpeper** (1616-1654) es el maestro del enfoque decumbitur. Preparaba un horóscopo para el momento en el que recibía la orina del paciente y junto con ésta realizaba un diagnóstico y planeaba el tratamiento.

Culpeper luchó contra el elitismo profesional del gremio médico que cada vez mostraba mayor desdén hacia la astrología y las curas de campo tradicionales. Aun así, ¡el Herbario de correspondencias entre plantas y planetas de Culpeper ha sido reimpreso una y otra vez desde su primera publicación, en 1653!

El método de decumbitur ha resurgido en la astrología moderna como medio de **diagnóstico**. Para ordenar un **tratamiento** hacen falta conocimientos adicionales, como la herboristería. La profesión médica actual se muestra tan hostil con los herboristas astrológicos como lo era con Culpeper. Por eso, su práctica suele ser clandestina y solapada.

REUBICACION

Las técnicas astrológicas han evolucionado de modo de adaptarse a la sociedad global de hoy. El **Horóscopo de Reubicación** se elabora en función del momento de nacimiento, pero para cualquier otro lugar importante. Es especialmente útil en los casos de quienes viven en el extranjero y para la astrología de las finanzas y los mercados internacionales. El horóscopo reubicado revelará los temas relevantes en la vida de una persona u empresa situada en ese lugar en particular. Las ubicaciones en las que se presentan planetas en el horizonte o meridiano del momento de nacimiento son indicativas de prosperidad o peligro, según la índole del planeta.

Ejemplo: **WELLINGTON** tenía al afortunado Júpiter en su 10ª casa natal. Nació en Dublín, pero cuando logró su famosa victoria contra Napoleón en Waterloo, por reubicación, Júpiter entraba en conjunción con la Parte de la Fortuna en el Medio Cielo, formando un trígono y un sextil **exactos** respecto del nuevo horizonte.

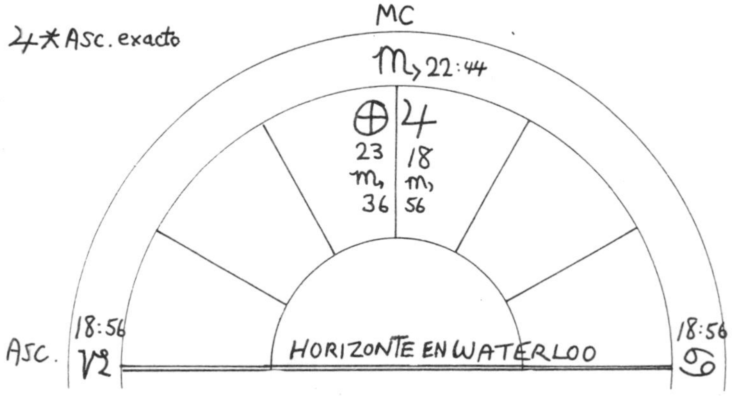

La **astro-cartografía** es una forma de diagramar el ascenso y culminación de los planetas en el momento del nacimiento en todo el mundo. Dichos estados se indican con líneas que atraviesan el mapamundi. Los cruces entre dos o más planetas son particularmente poderosos.

CONTROL DE LA NATALIDAD

El control de la natalidad mediante la Astrología es otra práctica moderna. Su mayor exponente fue un médico checo, Eugen Jonas (nacido el 6 de noviembre de 1928).

Jonas afirma que la mujer tiene **dos** ciclos de fertilidad por mes: el de la ovulación mensual y **el de las fases lunares**, basado en la relación entre el Sol y la Luna en el nacimiento. La concepción puede ocurrir en **cualquiera** de los ciclos, ¡incluso durante la menstruación!

En 1968 Jonas realizó trabajos de investigación en el Centro de Investigación Astra (situado en Nitra, Checoslovaquia) subvencionado por el Estado.

El método de las fases lunares también fue utilizado para la selección de sexos, y restringiendo la concepción al ciclo de fases lunares se solucionaron casos de esterilidad y embarazos problemáticos.

En 1970, Astra Nitra fue clausurada por las autoridades soviéticas. Los intentos de abrir centros similares no tuvieron éxito, pero los astrólogos han descubierto que en algunos casos el método funciona.

Qué hacer con los mellizos...

El tema de los mellizos siempre fue conflictivo para los astrólogos. Los mellizos no gemelos que llevan vidas diferentes suelen nacer con minutos de diferencia entre uno y otro, por lo que sus horóscopos son casi idénticos. Lo que resulta aún más problemático es que debido a los tratamientos modernos de fertilización y las cesáreas pueden nacer sixtillizos en menos de diez minutos.

Muchos astrólogos aseveran que incluso un grado en el Ascendente puede establecer una gran diferencia, en especial si se recurre a técnicas ultrafinas como los aspectos secundarios, los armónicos y los puntos medios. No obstante (como señaló Agustín hace más de 1.500 años), si cambios tan mínimos hacen una diferencia enorme entre mellizos, nuestra capacidad para interpretar el horóscopo de personas **no** mellizas resulta dudosa, ya que muy pocas veces conocemos con certeza la hora exacta del nacimiento.

Para el caso de los horóscopos de no-mellizos los astrólogos saben que si se desplaza el Ascendente un par de grados dentro del mismo signo puede presentarse alguna modificación, pero no un cambio total en el carácter básico.

Este es un problema para la tradición clásica, que se quedó varada en una noción poco imaginativa de las influencias astrológicas. Un enfoque moderno que funciona en la práctica acepta que el astrólogo debe leer los símbolos del horóscopo **en el contexto** y desecha el concepto teórico de dos horóscopos separados.

Mellizos temporales

Los mellizos temporales, personas que nacen al mismo tiempo de madres diferentes, suelen dar origen a simbolismos fascinantes. Sigmund Freud nació en otro continente pero pocos minutos después de Robert Peary (Cresson, Pennsylvania, 17:17 hora universal, 6 de mayo de 1856). Freud descubrió el inconsciente y Peary el Polo Norte. ¿Cuál será la metáfora?

COMPATIBILIDAD

El estudio de la compatibilidad entre individuos mediante la comparación de sus cartas natales se conoce como **sinastría** ("con las estrellas").

En líneas generales, las personas del **mismo elemento** son compatibles. Los elementos contrastantes tienen diversas "químicas" psicológicas... el fuego hace hervir el agua, el agua nutre la tierra, la tierra sofoca el fuego, el aire permite que el fuego se avive, que el agua burbujee... etc.

Además, el signo de Venus describe quiénes nos atraen; a Venus en Acuario le gustan los acuarianos, y así sucesivamente.

Interaspectos

Los aspectos planetarios entre diferentes cartas son cruciales.
El Saturno de una mujer en oposición al Marte de un hombre repele (Saturno) su deseo (Marte). El Júpiter de una madre en conjunción con el Mercurio de un hijo expande (Júpiter) la capacidad comunicativa (Mercurio).

¿Recuerdan el eclipse de "Das Kapital" en la carta natal de **MARX**? **LENIN** es el **intérprete** de dicho eclipse.

La Luna de Marx	11 Tauro		
El Sol de Marx	13 Tauro	El Mercurio de Lenin	12 Tauro

La sinastría puede aplicarse a todo tipo de relaciones y se la ha utilizado, aunque no sin generar polémicas, en la selección de personal. También se toman en cuenta los vínculos entre las cartas de las personas y de las empresas.

El matrimonio cósmico

El interaspecto más potente es la conjunción del Sol y la Luna, conocida como un **matrimonio cósmico**. Cada sujeto es la mitad de un todo.

Es lo que ocurriría entre **FREUD** y **JUNG**.

El Sol de Freud en 16 Tauro se encuentra en conjunción con la Luna de Jung en 15 Tauro. Freud (Sol) tenía la esperanza de brillar a través de Jung (Luna), pero a Jung no le bastó reflejar la luz de Freud. El padre y la madre (Sol y Luna) del análisis siguieron caminos separados, pero la obra de uno y otro constituyen las dos mitades de un todo.

ASTROLOGIA MUNDANA

La astrología **mundana** estudia los acontecimientos y la política mundial. Aplica los horóscopos a las naciones, los sucesos y los líderes políticos. Por ejemplo, un horóscopo importante para Inglaterra es el de la coronación de Guillermo el Conquistador el mediodía del 25 de diciembre de 1066, en la Abadía de Westminster. ¡Aún hoy proporciona un bosquejo de los ingleses!

Sol en Capricornio en la 10ª: reservados, conservadores, tradicionalistas, con conciencia de clase; bombines y trajes grises.

Luna en Piscis en la 12ª: isleños pasivos, retraídos en lo emocional; pescado con papas fritas.

Siempre se ha conocido a Inglaterra como un país ariano belicoso debido a su agresivo **Ascendente en Aries**, a través del cual se expresan el Sol y la Luna. El Sol en Capricornio lucha por los imperios. La Luna en Piscis se convierte en un vándalo y peleador cuando bebe. Las dos guerras mundiales y la guerra de las Malvinas estaban descriptas en las progresiones de Marte.

Diana eclipsada

Los individuos prominentes suelen tener sinastría con las cartas de sus naciones. Por ejemplo, la princesa Diana (la tímida Di) tiene su Sol en 9 Cáncer, en conjunción con el IC de 1066, y en **oposición** y en conflicto con el Sol en Capricornio en la responsable 10ª casa de su nación. El 30 de junio de 1992, un día antes del cumpleaños de Diana, **un eclipse de Sol** en 8 Cáncer cayó sobre el contacto entre Diana y el año 1066. En ese mes las revelaciones de Andrew Morton en su libro acerca de Di sacudieron los cimientos de la familia real y del alma británica.

El 9 de diciembre su separación de Carlos fue anunciada formalmente al Parlamento. A medianoche, pudo verse un eclipse total de Luna en el meridiano de Londres. La diosa romana Diana —la Luna— había sido eclipsada. Ya no podría llegar a ser Reina. ¡Este eclipse se produce en 18 Géminis, el punto del matrimonio (Descendente) de su propio horóscopo!

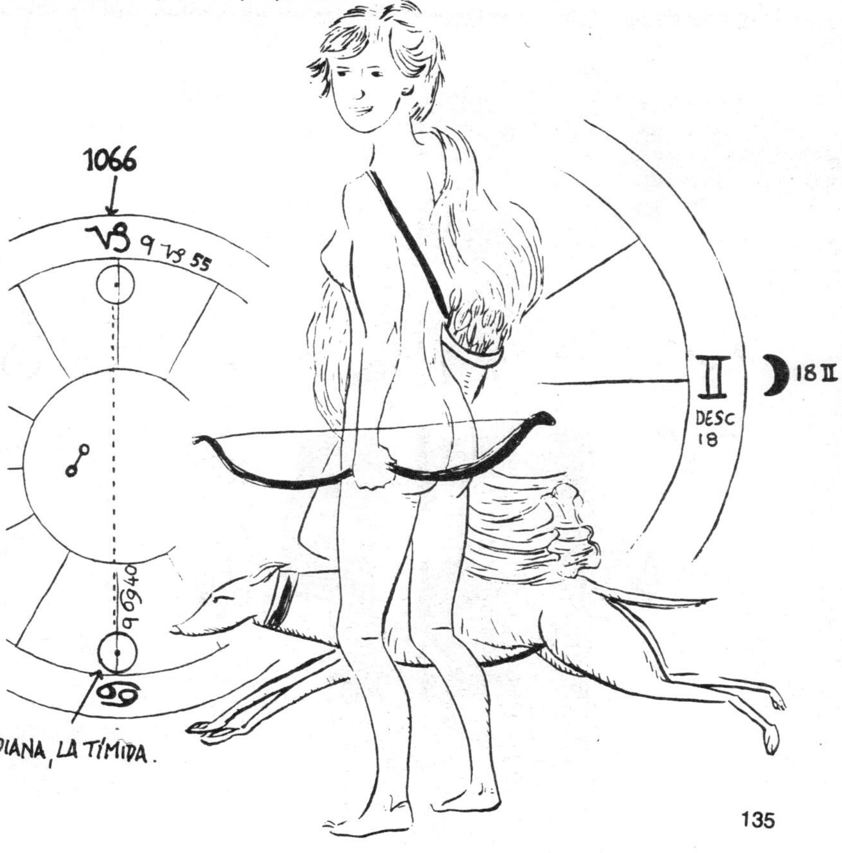

Los ciclos mundanos

La astrología mundana recurre también a los ciclos planetarios de Júpiter, Saturno y los Planetas Exteriores.

El Zeitgeist y el ciclo de Júpiter-Saturno

La conjunción de veintiún años entre Júpiter y Saturno es parte del ciclo de 800 años a través de los elementos (véase la Estrella de Belén, pág. 35). Cada veinte años la conjunción de estos planetas marca el **Zeitgeist**, "el espíritu de la época". Los individuos que personifican este fenómeno suelen tener sinastría con la conjunción y su momento. En los Locos Años Veinte, la conjunción se produjo en el horizonte de Rodolfo Valentino, mientras que el Sol de F. Scott Fitzgerald se hallaba en conjunción con el Mercurio de ese momento. En los *Yuppies* Años Ochenta, ocurrió sobre el Marte de Margaret Thatcher.

La oposición entre Júpiter y Saturno, que tiene lugar diez años después de su conjunción, marca un cambio de mentalidad respecto de la década anterior.

Fechas de las conjunciones entre Júpiter y Saturno:

1921	Sep	10	26 ♍	
1940	Ago	8	14 ♉	
1940	Oct	20	12 ♉	conjunción triple
1941	Feb	15	9 ♉	
1961	Feb	19	25 ♑	
1980	Dic	31	9 ♎	
1981	Mar	4	8 ♎	conjunción triple
1981	Jul	24	4 ♎	
2000	May	28	22 ♉	

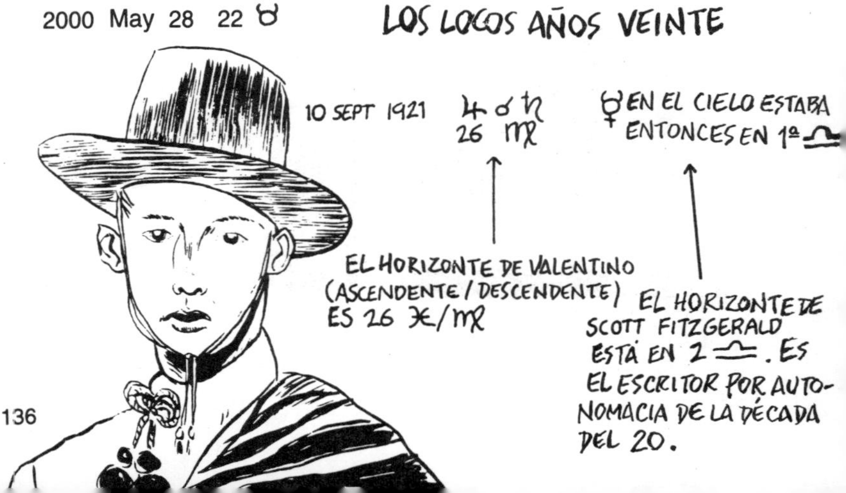

Saturno-Neptuno y el socialismo

El descubrimiento de Neptuno ocurrió en 1846, año en que tenía lugar una conjunción entre Saturno y Neptuno. Neptuno se relaciona con el socialismo y el comunismo, y el ciclo de Saturno y Neptuno señala las principales etapas de su desarrollo. Importa advertir la estructura de las conjunciones entre Saturno y Neptuno durante el siglo XX:

una sola conjunción		
1917	1 ago	- Revolución Rusa (feb 1917)
conjunción triple		
1952	21 nov	
1953	1 mayo	- Muerte de Stalin (marzo 1953)
1953	22 julio	
conjunción triple		
1989	3 marzo	
1989	24 junio	
1989	13 nov	- Colapso del bloque soviético: ¡el Muro de Berlín cae el 9 de noviembre!

Nota: Este es el punto medio **exacto** del ciclo de Júpiter y Saturno, que marca el Zeitgeist de la nueva década de 1990. Júpiter estaba en oposición a Saturno el **14 de noviembre**.

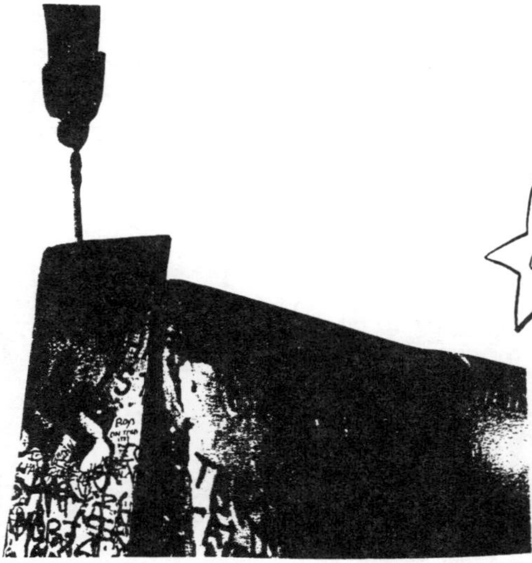

P.D. ¡La próxima conjunción entre Saturno y Neptuno recién ocurrirá en el año 2026!

ASTROLOGIA FINANCIERA

Los astrólogos financieros creen que el ciclo de Júpiter y Saturno de crecimiento económico (Júpiter) y recesión (Saturno) es detonado por planetas más veloces, como Venus. Esto proporciona un marco más específico al ciclo económico de Kondratiev, que dura entre 47 y 60 años.

Las **estaciones** planetarias también invierten las tendencias de la bolsa; p.ej., Marte retrógrado en un aspecto malo respecto de un planeta exterior anuncia una caída. Los factores de esta clase se relacionan con los horóscopos de las empresas y los individuos, y con los tránsitos y progresiones.

¿Recuerdan a Das Kapital y los toros (pág. 116)? Lo que sigue es para los taurinos amantes del dinero, estén donde estén. Muchas de las principales instituciones financieras mundiales reciben el énfasis de Tauro.

• Banco de Inglaterra	-	Sol	15	Tauro
• Banco Mundial	-	Luna	15	Tauro
• Franco Suizo	-	Sol	16	Tauro

Bolsas de valores

• Londres	(14 de julio de 1773)	-	Luna	22	Tauro
• Nueva York	(17 de mayo de 1792)	-	Sol	27	Tauro
• Amsterdam	(17 de mayo de 1876)	-	Sol	26	Tauro
• Tokio	(15 de mayo de 1878)	-	Sol	24	Tauro
• Londres	(18 de mayo de 1901)	-	Sol	26	Tauro

...Y CARRERAS DE CABALLOS

La astrología puede utilizarse para especular en diversos campos, incluidas las carreras de caballos. Primero se elabora una carta para el momento de la largada oficial de la carrera, a fin de ver si sobresale alguna temática. Luego se selecciona un caballo "ganador" cuyo nombre combine con dicha temática. A veces se relacionan los colores del jockey y el peso de handicap con el simbolismo de la carta.

Ejemplo

Ultimo Sospechoso ganó en el Gran Premio Nacional de 1985 estando 50-1 en las apuestas. Fue elegido por diversos astrólogos debido al simbolismo de Saturno, planeta del tiempo y de los finales, en el sospechoso y reservado Escorpio, en exacta conjunción con el IC. Este tipo de astrología se vuelve engañosa si se la fuerza demasiado. Puede producir victorias espectaculares, ¡o rotundos fracasos!

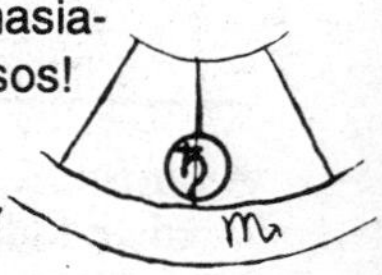

RACING POST: Viernes 9 de diciembre de 1988

... recientemente investigamos a *The Gambling and Spirituality Workshop* (El taller de las apuestas y la espiritualidad)... Se especializan en las carreras importantes, según parece, y en los últimos dos años descubrieron a No Me Olvides (Guineas a 9-1 más Belloto por el pronóstico), Unido (Oaks a 11-1), Punto de Referencia (Derby y Leger) y Rima y Razón (Nacional).

Ese año, su clásico nivel de aciertos no fue tan espectacular, a pesar del gran negocio que hicieron al apoyar a Bellafella a placé en el Guineas a 100-1. ¡No se rían, a menos que tengan un sistema mejor!

EL ASTROLOGO MODERNO

Los astrólogos meten la nariz en todo y aunque suelen estar de acuerdo acerca del lenguaje simbólico, a menudo sus objetivos presentan grandes variantes. La mayoría de los que realizan lecturas para otros son una mezcla de los siguientes tipos principales.

Astrologías diferentes

La Sra. Luna hace un poco de todo —astrología, tirada de cartas, clarividencia con cristales, etc.— pero no le interesan los conceptos teóricos.

El astrólogo espiritual, por lo general vagamente teosófico, suele recurrir al karma y a la reencarnación.

El astrólogo psicológico. La astrología moderna ha ganado fuerza y popularidad gracias a su vínculo con la psicología. Los astrólogos psicológicos emplean el horóscopo como herramienta psicoterapéutica o analítica; lo ven como un **mapa de la psique**. De acuerdo con la teoría particular que utilicen (Jung, Assagioli, etc.) su horóscopo revelará complejos, arquetipos, libretos, subpersonalidades...

El astrólogo humanista, que surgió en Estados Unidos, ve la carta como un "paquete de semillas" que indica las más altas potencialidades del individuo, y cuyo objetivo es alimentar el alma del cliente para lograr su crecimiento. Es optimista, esperanzado, pero a menudo ambiguo.

El astrólogo computarizado. Es un descendiente de los viejos horóscopos por un chelín de Alan Leo. Páginas y páginas de descripciones, ¡todas acerca de **ti**! Se trata de una astrología *pop* a vuelta de correo que compagina por computadora interpretaciones preescritas de los factores de cartas natales. A veces resulta útil, pero se ve afectada por la falta de contexto.

El astrólogo tradicional a menudo utiliza un método estoico que cree en la predestinación y en que la astrología tiene una función predictiva y orientada al mundo. Este astrólogo da preponderancia al horóscopo y emplea la técnica horaria y otros métodos tradicionales. No le importa la psicología, pero quizá analice los rasgos de carácter.

El astrólogo consejero, con o sin formación en el área de la psicología, establece con su cliente una relación permanente. Se vale de la carta a fin de hallar los temas claves que se deben examinar. No hace predicciones ni enuncia preceptos, y pone énfasis en el consultante y en el proceso de orientación.

El astrólogo especialista mezcla elementos de todas las versiones anteriores y utiliza técnicas tradicionales y modernas. Congenia con el psicoanálisis y la filosofía. Existen dos estilos identificables...

- **Amigo de la ciencia**: su enfoque es racionalista y objetivo. A menudo emplea técnicas modernas, como la de los puntos me dios y los armónicos [*vea el "Pequeño diccionario" en pág. 172].
- **Adivinador:** concibe la astrología como una forma de adivina ción, similar al I Ching o Tarot, y quizá use las cartas horarias. Básicamente, se trata de una Sra. Luna de categoría.

Si consultas a un astrólogo

* vea el "Apéndice" en página 171 para información adicional.

La mayoría de los astrólogos profesionales se manejan con sesiones de duración fija y cobran un arancel estipulado. Algunos ofrecen informes escritos, algunos aceptan las consultas telefónicas. Suelen trabajar cara a cara y a veces graban las sesiones. Si no especifican lo contrario, utilizan la astrología natal.

Elige el astrólogo adecuado

Durante la consulta

Hay astrólogos natales que parten del análisis del carácter y de los posibles acontecimientos, y luego piden al consultante que responda a ciertas preguntas. Otros prefieren dialogar con el consultante desde el principio. De uno u otro modo, suele darse un proceso en dos etapas. En la primera el astrólogo **negocia el símbolo** probando diversas interpretaciones.

A medida que la interpretación comienza a encajar, el astrólogo **hablará a partir del símbolo** que va tomando forma en el contexto de la situación concreta que vive el consultante. En esta etapa cabe esperar que no se exprese con frases ambiguas, sino más bien con enunciados precisos y de cierto poder de predicción.

¿Entonces, qué puede brindarnos la astrología?

PARTE V - EL DEBATE MODERNO

¿Cuál es el futuro de la astrología?

Allí donde asoman sus cabezas los astrólogos, siempre hay enemigos esperando para cortárselas. El ataque del cristianismo ha provenido casi siempre de los fundamentalistas, que inculcaron el terror en las autoridades educativas y en instituciones tolerantes a fin de que eliminasen de sus programas y planetarios toda exposición sobre astrología. No obstante, salvo por contadas y honorables excepciones, la ciencia institucional es el mayor exponente de la hostilidad ciega a la astrología.

El más importante ataque moderno tuvo lugar en 1975, cuando la revista **Humanist,** de Estados Unidos, publicó unas "Objeciones a la astrología", firmadas por "186 científicos destacados", entre los que se incluían dieciocho ganadores del Premio Nobel.

¿Existe alguna prueba científica a favor de la astrología?

Se han establecido numerosas conexiones "cosmobiológicas" entre el sistema solar y la vida en la Tierra que quizá se hayan filtrado en el simbolismo astrológico. Esto resulta obvio en la tradición lunar y el ciclo menstrual mensual (menses = Luna). Sin embargo, de aquí a los horóscopos hay un largo trecho.

Los experimentos astrológicos produjeron **grandes fiascos**. En los estudios claves (especialmente el realizado en la década de 1970, en el que se analizaron los horóscopos de 311 suicidios en Nueva York) no se obtuvo ningún resultado. El más notable trabajo científico fue el llevado a cabo por **Michel Gauquelin** (1928-1991) **y su esposa Françoise**.

Gauquelin, quien se había formado en las áreas de la psicología y estadística, descubrió que existía una configuración de planetas en "zonas calientes" asociada a los profesionales eminentes. Estas zonas son la parte del cielo que se encuentra justo después de la ascención (por encima del Asc.) y de la culminación (el MC), y en menor medida en los puntos opuestos (cerca del Desc. e IC). Además, ¡los planetas son **diferentes** para distintas profesiones!

A continuación aparece uno de sus famosos hallazgos, el **efecto Marte** en el nacimiento de 570 deportistas franceses que llegaron a ser campeones:

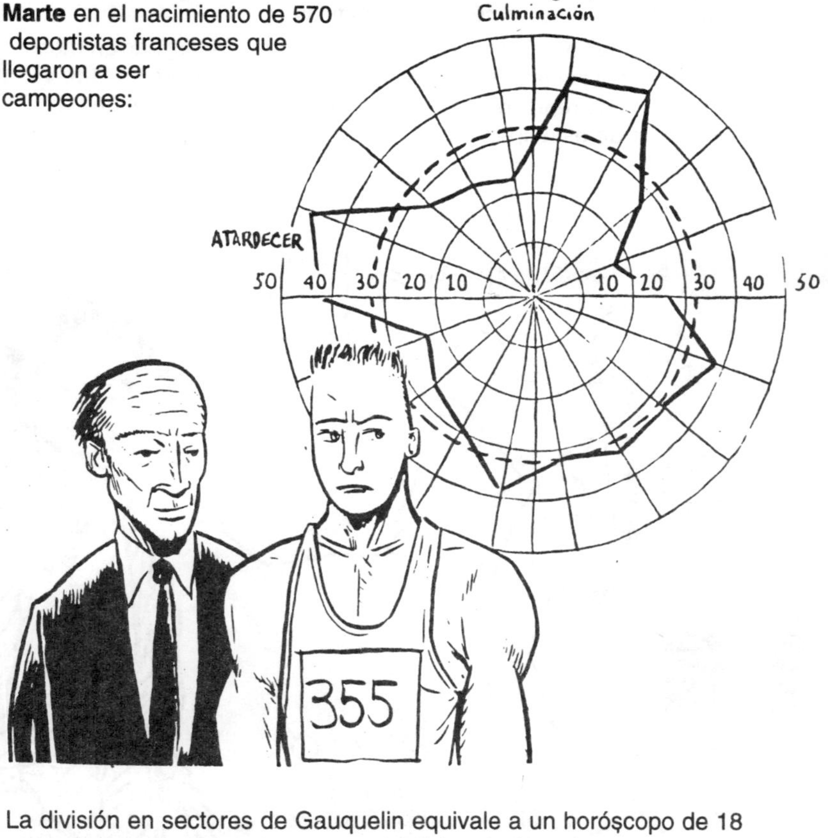

La división en sectores de Gauquelin equivale a un horóscopo de 18 casas (en lugar de las doce casas tradicionales).

Si en el momento del nacimiento Marte no indicaba la aparición de un un futuro campeón deportivo, debería haber aproximadamente 32 campeones por sector (como la línea punteada). La probabilidad de que la diferencia en los resultados obtenidos se debiera al margen de error eran altísimas: 1000 a 1 contra la "casualidad" de las coincidencias.

Gauquelin estableció patrones similares para los siguientes profesionales europeos destacados.

Luna	-	escritores y políticos
Venus	-	escritores
Marte	-	atletas, militares
Júpiter	-	actores, militares, escritores
Saturno	-	médicos, científicos

¿Acaso la cultura se encuentra dividida entre la imaginación musical/artística y la científica? Si tomamos los empecinados Marte y Saturno como representantes de estos grupos, podemos probar la existencia de esta línea divisoria entre las "dos culturas".

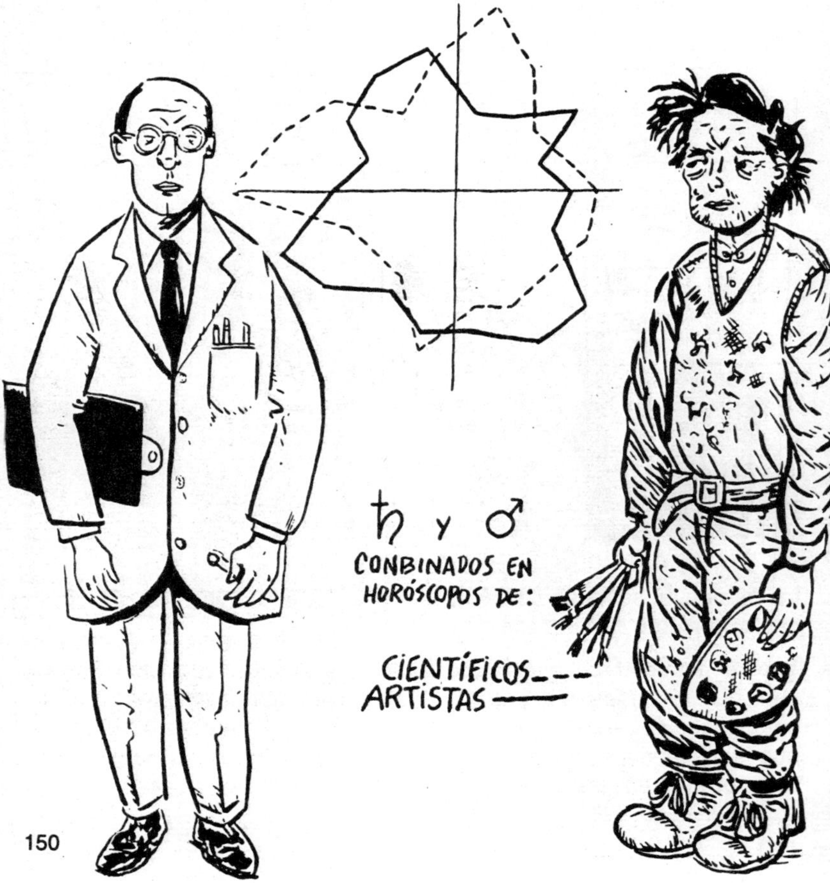

Gauquelin obtuvo resultados estadísticamente significativos en categorías en las que las probabilidades en contra del azar eran de 1000 a 1, valor asombroso incluso para la ciencia experimental.

Los métodos de Gauquelin no presentaban fallas en lo material ni fueron nunca "refutados". Sus datos se publicaron y los métodos que utilizó se dieron a conocer con todo detalle en inglés y francés.

No obstante, lo más maravilloso de estos descubrimientos es su compatibilidad con las interpretaciones planetarias tradicionales. Marte se asocia con los militares, y para los de alto rango, Júpiter también. Marte es la voluntad de triunfo del atleta solitario. Júpiter siempre rigió a los actores, y el melancólico Saturno se adecua a la perfección al científico frío y cauteloso. Parece probable que las profesiones surjan indirectamente de los **tipos temperamentales** indicados por los planetas en el nacimiento.

Gauquelin: los astrólogos no se entusiasman demasiado

Estos resultados revelaron más allá de toda duda que, cualquiera fuese la definición de la ciencia, la astrología tradicional debía tener "algo". Sin embargo, no tuvieron una calurosa acogida por parte de los astrólogos. ¿Por qué?

En primer lugar, en los descubrimientos de Gauquelin no aparecen ciertos elementos importantes de la astrología. Lo más notorio es que se encuentran ausentes los signos del zodíaco, el Sol y los planetas exteriores. Incluso se distorsiona la noción de las casas, ya que las zonas calientes realzan las casas mutables (12ª/9ª/6ª/3ª), y no las casas cardinales, como era de esperar.

Asimismo, en su búsqueda de la credibilidad científica Gauquelin se distanció de la astrología. Sus resultados mostraron que gran parte de las interpretaciones tradicionales no podían ratificarse, por lo cual "el horóscopo se desploma".

Con el tiempo atemperó sus opiniones, pero siguió refiriéndose a sus hallazgos como parte de una nueva disciplina, la "neoastrología".

¿Qué opinan otros científicos?

En 1949 se estableció en Bélgica el *Comité Para** a fin de evaluar declaraciones sobre sucesos paranormales. Gauquelin presentó sus resultados ante el Comité en repetidas ocasiones a partir de 1955, sin obtener ninguna respuesta. Finalmente en 1965, decidieron experimentar con una nueva serie de 535 atletas con quienes **duplicaron** el efecto Marte. ¡Qué fastidio! El Comité decidió no publicar estos descubrimientos, hecho que provocó la renuncia de uno de sus miembros (el profesor Luc de Marré).

Este espantoso comportamiento se repitió. El organismo equivalente de Estados Unidos el CSICOP**, confirmó y reprodujo el efecto Marte sobre los atletas en 1976, hasta que se "modificaron" los métodos. Al igual que antes, esta travesura dio origen a renuncias y recriminaciones.

* Comité Belge pour l'Investigation Scientifique des Phénomènes Réputés Paranormaux.

** Committee for Scientific Investigation of Claims of the Paranormal, fundado en los EE.UU. en 1976 bajo los auspicios de la revista *Humanist*;

Experimentos con la interpretación de horóscopos:

Entre 1959 y 1961 el psicólogo estadounidense Vernon Clark puso a prueba la capacidad de los astrólogos para obtener detalles biográficos del horóscopo natal.

Los resultados de reiterados experimentos fueron insatisfactorios desde el punto de vista científico. Algunos fracasaron, otros sumaron puntos para la astrología; pero no se sabe con certeza por qué los astrólogos a veces aciertan y otras yerran. Como los resultados positivos superan a los negativos, hay **algo** en todo esto que merece atención.

El experimento de Shawn Carlson

La prueba más publicitada —y dañina— del tipo de las de Vernon Clark fue llevada a cabo por Shawn Carlson en Berkeley, California (1981-82). Los juicios de los astrólogos fueron comparados con inventarios de personalidad (derivados de un cuestionario psicológico) correspondientes a los sujetos que se sometieron a la prueba.

Los astrólogos fracasaron.

Sin embargo, la metodología de Carlson se desintegró, por ejemplo cuando un grupo de control de no-astrólogos produjo resultados inesperados no aleatorios. A pesar de sus obvias debilidades el experimento fue publicado sin cuestionamientos en **Nature** (dic. 1985), junto con la conclusión anticientífica de que "esto claramente refuta las hipótesis astrológicas".

La ciencia institucional pone a la astrología en un callejón sin salida. Se trata del síndrome de Nelson; sencillamente la astrología no merece ser estudiada.

Las investigaciones astrológicas son:
a) **evitadas siempre que se puede**, y cuando esto falla,
b) citadas **sólo** cuando no prueban la validez de la astrología, y
c) **se las desacredita** o **ignora** si muestran algún indicio de validez...

Para la revista **Nature,** cualquier prueba, por rigurosa que sea, que ratifique el valor de la astrología es defectuosa por definición, mientras que una prueba torpe es suficiente si da resultados negativos. De ese modo, la afirmación de que "no existe evidencia" de la astrología es confirmada y divulgada a través de los medios.

Si algún científico descarriado afirma lo contrario, hay muchas maneras de influir en él para que cambie de parecer.

El pensamiento simbólico no se ajusta al consenso racionalista-científico sobre la realidad. No se trata de un problema de pruebas, sino de una lucha entre sistemas de creencias.

Incluso cuando siguió los pasos debidos, la ciencia moderna no logró fundamentar más que un fragmento de la astrología, pues gran parte de ella es indemostrable por naturaleza. Como el arte o el lenguaje, el simbolismo va más allá del reino objetivo y empírico.

Muchos astrólogos se alejaron de la ciencia para seguir el camino de la psicología, en especial el trazado por Carl Jung (1875-1961). Su concepción remonta la astrología a las IDEAS de Platón, con las que estaría conectada.

La teoría de Jung sobre los Arquetipos —estructuras subyacentes a la conciencia— explica el poder con el que el simbolismo astrológico trabaja en la imaginación. Los signos del zodíaco son doce "imágenes arquetípicas" o manifestaciones del inconsciente colectivo.

Jung y la astrología

¿Cómo funciona la astrología según Jung? En 1930 acuñó el término **sincronicidad** para describir un "principio conector no causal" que daría cuenta de las coincidencias significativas. Esta noción abarca al tiempo cualitativo.

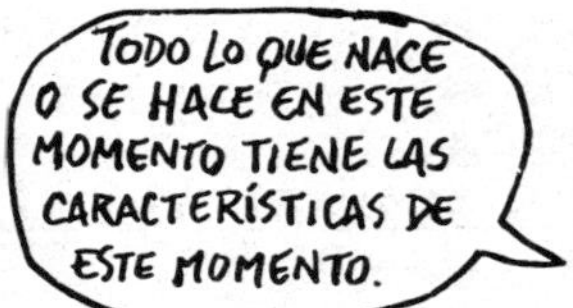

A pesar de que luego desechó esta frase, sigue siendo la favorita de los que escriben sobre astrología. Armoniza con el éter de Tolomeo, que transmite los cambios celestiales en forma instantánea en el momento-simiente. Sin embargo, Jung derivó su concepto de la sincronicidad de su comprensión de la astrología. ¡Es un círculo vicioso!

A comienzos de la década de 1950, Jung intentó demostrar la sincronicidad mediante su **experimento del matrimonio** basado en los horóscopos de parejas; buscaba tres contactos de compatibilidad tradicionales: Luna-Sol, Luna-Horizonte y Luna-Luna. Ocurrió algo extraño...

El primer lote de datos mostró un contacto estadísticamente significativo de la Luna en conjunción con el Ascendente. El segundo produjo una conjunción entre la Luna y el Sol. Los resultados de ambos se anulaban entre sí, pese a lo cual Jung vio que **por separado** reflejaban las tres combinaciones que buscaba. Esto lo llevó a formular la segunda versión de la sincronicidad, que incluía al observador en lo observado.

Las sincronicidades tienen lugar cuando los contenidos arquetípicos se "constelan", es decir, irrumpen en la conciencia. Las Grandes Eras, definidas en relación con las constelaciones estelares, ilustran este proceso en gran escala a nivel colectivo (vea págs. 114-115).

La actitud simbólica

Jung no ubica a la astrología en el mundo plenamente físico sino en la realidad psicofísica del **sentido** humano. Por esta razón los métodos de las ciencias físico-naturales son inapropiados para comprender la astrología.

Los símbolos son el medio de la constelación de los arquetipos, y para verlos es necesaria **una clase especial de pensamiento.** Jung la denomina "actitud simbólica".

Dane Rudhyar (1895-1985), la figura más importante de la "astrología humanística", recibió la influencia de Jung.

Jung y otros consideran que el "pensamiento especial" requerido por la actitud simbólica se relaciona con el **pensamiento mitopoiético,** la conciencia creadora de mitos característica de las sociedades primitivas. La clave de este tipo de pensamiento es lo que nos impresiona como su componente "subjetivo" y emotivo.
El antropólogo Lucien Lévy-Bruhl (1857-1939) hacía referencia a la **mística participativa** típica de las sociedades prealfabetizadas, en las que un individuo toma la identidad de un ser viviente u objeto.

Entonces ¿podría decirse que la astrología es la reaparición —bajo una fachada moderna— de una "mentalidad primitiva" que fue tapada por la concepción racionalista?

TOTEMS

Los signos solares en particular pueden considerarse partes de un **sistema totémico**, cuyas raíces se encuentran en una mentalidad creadora de mitos. Los tótems son objetos naturales, por lo general animales, tomados como **emblemas** de un clan o individuo. El "espíritu/animal" puede ser dado al nacer o descubrirse con la ayuda del brujo hechicero de la tribu

El totemismo surge de una percepción subjetiva que clasifica la naturaleza y experiencia en categorías. Su forma depende de la cultura en la que se inserta. Para los indios Pawnees, el olmo es negro y se orienta al nordeste; el álamo es blanco y se orienta al sudoeste.

El antropólogo Claude Lévi-Strauss (nacido en 1908) denomina **bricolaje** al proceso por el cual se emplean estas afinidades. La lógica del bricolaje es como la del hombre orquesta, que hace un poco de todo.

Bricolaje

La "doctrina de las correspondencias" es un vestigio de la imaginación del *bricoleur*, y la propia astrología es un remanente del totemismo. En griego la palabra "zodíaco" significa "círculo de animales". Mediante las columnas astrológicas de los diarios y revistas actuales, el público se identifica con un tótem. Si eres Leo, tu tótem es el León.

El racionalismo moderno no se aplica al tótem. La designación con un único signo solar de una doceava parte de la población, o la posibilidad de que las lecturas de los signos solares sean ciertas un día y dejen de serlo al día siguiente, no significan ningún problema para el *bricoleur*. Al que le caiga el sayo que se lo ponga.

Si la astrología importa un sentido subjetivo, y si se conecta con la creación de mitos y la actitud simbólica, entonces nos apartamos de la astrología como ciencia y nos vamos al otro extremo:
la astrología como adivinación.
Ciertas formas de adivinación como las cartas del Tarot y el Libro Chino de las Transmutaciones, se basan en el manejo de un sistema de símbolos. Entonces, ¿la astrología es equivalente a estos sistemas? Si así lo creemos, el debate sobre la astrología toma otro curso, y la discusión sobre si la astrología es una ciencia se modifica.

Desde una perspectiva científica, esto traslada a la astrología de la física y la biología al reino de la parapsicología.

La astrología como adivinación es un **espejo metafórico**. Se trata a los factores del horóscopo "como si" fueran metáforas que reflejasen los rasgos salientes del sujeto del horóscopo.

Esta concepción cuadra con la **sincronicidad** de Jung y se aparta de la **causalidad** y del determinismo estelar. Excepto la luz, no existe ninguna conexión causal entre un espejo y las cosas que refleja. Más aún, como depende de las asociaciones simbólicas, el espejo metafórico del mundo no existe materialmente sino psíquicamente, en el reino de las imágenes. Tiene que haber alguien que al mirar en el espejo "vea" y entienda este reino de imágenes... el astrólogo.

¿Pueden decidir los astrólogos si su práctica es **adivinación** o alguna clase de **ciencia**? ¿Si es **subjetiva** u **objetiva**? ¿Si se trata de poesía o de física? La lógica que lleva a dar una u otra respuesta es engañosa. Existen pruebas suficientes para ubicar determinados rasgos de la astrología en **ambas** categorías. Si nos ponemos estrictos al formular nuestras definiciones, ellas se desmoronan.

Un enfoque pragmático consiste en dejar abierta la posibilidad de una doble concepción de importancia astrológica. La **astrología natural** abarca fenómenos objetivos como los campos electromagnéticos en el sistema solar, los ritmos lunares y orgánicos, las antiguas afinidades entre metales y planetas, y las demostraciones estadísticas de los Gauquelin. Este área de la astrología se aviene a la demostración científica, pero no dice demasiado sobre ninguna persona en especial.

Por otra parte, la **astrología adivinatoria** se refiere a nuestra experiencia del simbolismo. Abarca la categoría tradicional de la "astrología judiciaria", los juicios emitidos a partir de horóscopos, pero describe toda la gama de expresión simbólica, desde la Estrella de Belén hasta la más *under* de las astrologías *pop*. Como en la conciencia, la vida y el amor, estos significados escapan a la ciencia.

Puesto que desborda toda definición, la astrología es un blanco difícil para los críticos genuinos, pero resulta igualmente frustrante para quienes la defienden con argumentos lógicos. Cuando diferentes astrólogos teorizan sobre su materia, es como si diversos exploradores describieran distintas partes de un elefante que perciben en la oscuridad. La astrología parece pertenecer a algún otro orden del conocimiento, apenas concebible en el mundo moderno.

¿Qué rumbo toma la astrología ante la inminencia del nuevo milenio? Se la ve más fortalecida que en cualquier otro momento de los últimos tres siglos. El inmenso auge de la astrología popular provocado por los medios ha nutrido el movimiento de la Nueva Era, que abarca la mente, el cuerpo y el espíritu, asegurando a la astrología un papel central. También existe un afán de cooperación en la comunidad astrológica, y el deseo de recuperar las fuentes de su tradición, en especial a través del programa de traducciones titulado "Project Hindsight", dirigido por los EE.UU.

como arriba, abajo...

Regresamos al misterio final que ha inspirado la práctica de la astrología. Por más que apenas lo vislumbremos, ese misterio nos habla de una profunda relación recíproca entre la humanidad, el tiempo y un Cosmos inteligente. En las palabras de Marsilio Ficino:

APENDICE

La Guerra de las Galaxias: ¿existe un 13º signo?

La mayoría de los astrólogos creen que el ingreso de Plutón en Sagitario y el de Urano en Acuario entre 1995 y 1996 anuncian un cambio —o fusión— radical en la religión y los sistemas de creencias para el nuevo milenio. Debido a su asociación con Urano, el dios del cielo, la astrología no puede quedar afuera. Plutón ingresó por primera vez en el signo de Sagitario el 17 de enero de 1995. Tres días después, justo cuando los astrólogos se enteraron anticipadamente de que vendría un tifón, se produjo un gran despliegue informativo de los medios en torno del "descubrimiento" del 13º signo del zodíaco, *Ofiuco*. Cayeron en la trampa la prensa, televisión y radio de muchos países en forma simultánea.

¿Cuáles son los hechos? La astronomía moderna reconoce 88 **constelaciones** de estrellas fijas. Las doce constelaciones de las que derivan sus nombres nuestros **signos** del zodíaco se encuentran a lo largo de la eclíptica, la trayectoria que recorre el Sol durante un año. No obstante, los signos del zodíaco están relacionados con el punto del equinoccio de primavera, y por el fenómeno de *precesión de los equinoccios* se han desplazado lentamente hacia atrás respecto de las constelaciones correspondientes (véanse las páginas 29-32 y 114-115).

La constelación Ofiuco se asocia con el sanador de la mitología griega Asclepio. Sus pies aparecen sobre la eclíptica entre las constelaciones de Escorpio y Sagitario, con una separación de 18 1/2 grados. El Sol atraviesa Ofiuco entre el 30 de noviembre y el 18 de diciembre de cada año.

Como Ofiuco constituye la 13ª **constelación** de la eclíptica, por analogía parecería que también debería haber un 13º **signo**. Sin embargo, esta deducción es falsa, ya que —como bien saben los astrónomos— los signos del zodíaco son por definición doce sectores de 30 grados de la eclíptica cada uno, medidos desde el punto del equinoccio de primavera.

Para los antiastrólogos, Ofiuco tiene los siguientes méritos:

a) se crea confusión a nivel popular al dar a cada persona nuevas fechas para su "signo", como si los signos se basaran en el movimiento del Sol a través de las constelaciones y no en divisiones de 30 grados;

b) la firme estructura del zodíaco de doce signos se desmorona con la introducción de un 13º, lo que pone en tela de juicio todo el simbolismo.

Ofiuco es un prolijo paquete de (des)información que se "redescubre" cada tantos años. Este es uno de los muchos casos en los que los opositores de la astrología prefieren la propaganda tendenciosa en lugar de la indagación inteligente.

¿Y ahora qué?

A fin de enriquecer la información mundial acerca de la astrología (sociedades, escuelas, publicaciones, servicios de confección de cartas y programas de computación), **Urania Trust** publica una inestimable Guía Anual gratuita. La dirección de Urania Trust es 396 Caledonian Road, Londres N1 1DN, Gran Bretaña.

Dos de los autores de este libro, Geoffrey Cornelius y Maggie Hyde, son miembros de la **Compañía de Astrólogos** (*Company of Astrologers, COA)*, un organismo sin fines de lucro fundado en Londres en 1983. La COA ofrece cursos de todos los niveles desde elementales hasta avanzados, y además organiza cursos a distancia, un seminario anual de fin de semana y una escuela de verano. También cuenta con listados de consultores y un servicio de cálculo de cartas. Para mayor información, enviar un sobre franqueado (o un cupón postal si no se reside en el Reino Unido) a Company of Astrologers, 6 Queen Square, Londres WC1N 3AR, Gran Bretaña.

Aprendizaje de la astrología

En este libro no se explica cómo confeccionar la carta natal puesto que existen numerosos y económicos servicios de cálculo de cartas. Sin embargo, si el lector desea aprender astrología, quizá compruebe que se dictan clases cerca de su casa.

Cómo hallar a un astrólogo

Si se quiere consultar a un astrólogo, las recomendaciones de los amigos suelen ser el mejor método para hallarlo. Es necesario verificar con el astrólogo qué es lo que ofrece; la mayoría de ellos sabrán derivar al consultante a un colega si no proporcionan el servicio que busca. Diversas escuelas tienen listas de los astrólogos formados en ellas que se rigen por su código de práctica.

Pequeño diccionario

Angulo: Los ángulos del Medio Cielo (MC) y del Fondo del Cielo (IC, Imum Coeli) son los puntos de encuentro entre la Eclíptica y el meridiano local. Los ángulos del Ascendente y Descendente son los puntos de encuentro entre la Eclíptica y el horizonte local (págs. 84-85). Ellos forman las cúspides de las casas angulares 1, 4, 7, 10. Los planetas ubicados sobre estos puntos o a pocos grados de ellos tienen especial relevancia en el horóscopo.

Armónicos: Teoría astrológica basada en la matemática, formulada en el siglo XX por John Addey en el Reino Unido. Se considera que los factores primordiales del horóscopo (signos, casas y aspectos) miden las ondas que se forman en los círculos celestiales, como la eclíptica (signos), el ciclo diario de rotación de la tierra (casas) y los ciclos planetarios (aspectos). Las ondas expresan números. Por ejemplo el trígono es la división por 3 del círculo; los cuatro ángulos expresan el número 4. Así, en el análisis de horóscopos el método se extiende a armónicos no utilizados en la astrología convencional (p.ej., armónicos 5º, 7º, 9º y 25º). John Addey obtuvo cierto éxito al utilizar los armónicos en su nueva interpretación de los descubrimientos de Gauquelin, que describen ondas evidentes.

Ascendente: Número de grados del zodíaco que aparece en el horizonte oriental en el horóscopo (págs. 84-85).

Aspecto: Arco o distancia en grados entre dos planetas o puntos del zodíaco cualesquiera. El **orbe** es la cantidad de grados permitidos a cada lado de un aspecto exacto para que el aspecto siga funcionando. Un aspecto está **en aproximación** —aún no se formó— si alcanza la exactitud en las horas o días siguientes a la hora del horóscopo. Se encuentra **en separación** si fue exacto antes. En la técnica horaria, los aspectos en aproximación indican acontecimientos futuros y los aspectos en separación muestran el pasado. Para mayor información sobre los aspectos y estructuras de aspectos, vea las págs. 75-79.

Asteroides: Faja compuesta por numerosos fragmentos que, según se cree, son las partes de un planeta desintegrado. Su órbita está entre las de Marte y Júpiter. Se han publicado las efemérides de algunos asteroides famosos, entre los que se cuentan especialmente Ceres, Palas, Juno y Vesta. Los críticos sugieren que el uso de asteroides simboliza la desintegración de la interpretación astrológica.

Astrología mundana: Estudio de los acontecimientos mundiales mediante los ciclos planetarios y horóscopos de naciones, acontecimientos y dirigentes políticos (págs. 134-137).

Casas: Vistos desde cualquier posición en la Tierra, los cielos se dividen en cuatro **cuadrantes** (horizonte oriental a meridiano superior, meridiano superior a horizonte occidental, y dos cuadrantes iguales por debajo del horizonte). Cada cuadrante se trisecta, dando como resultado un total de doce casas en el horóscopo. (págs. 82-85; para los significados de las casas, pág. 86). La **tabla de casas** contiene los grados de elevación sobre el Ascendente y de culminación sobre el Medio Cielo, junto con las cúspides de las casas intermedias, a intervalos de cuatro minutos para el ciclo diario de 24 horas. Se la publica para diferentes latitudes geográficas.

Correspondencias: La antigua **teoría de las** responde a la máxima "Como arriba, abajo". Toda la materia del mundo de abajo (microcosmos) se corresponde en su naturaleza esencial con un principio o idea clave de los cielos de arriba (macrocosmos). El ser humano es un microcosmos completo.

Cúspide: Punto en el zodíaco que separa una de otra las casas del horóscopo. Por lo tanto, hay doce cúspides, una por casa, pero sólo cuatro forman los **ángulos** del horóscopo. Las ocho restantes (2,3,5,6,8,9,11 y 12) son las cúspides de las casas intermedias, comprendidas entre los ángulos.

Chronocratores: "Marcadores del Tiempo" en la astrología tradicional: Júpiter y Saturno. Las conjunciones de veinte años entre Júpiter y Saturno permanecen alrededor de doscientos años en el mismo elemento, formando un ciclo zodiacal de ochocientos años. Estos ciclos marcan el espíritu de la época (pág. 136).

Dignidad: Cuando los planetas se hallan en los signos que **rigen**, o en los de su **exaltación,** tienen dignidad y se fortalecen. Por el contrario, los domina la **debilidad** y languidecen en los signos opuestos a los que rigen (**destierro**) o a los de su exaltación (**caída**) (págs. 72-73). Los términos **dignidades accidentales** y **debilidades accidentales** se refieren a otras ubicaciones importantes, como en la afortunada 10ª casa, en conjunción con la Parte de la Fortuna, etc. La astrología tradicional emplea un gama más reducida de dignidades. Ellas son las triplicidades (planetas asociados con elementos) , los términos (subdivisiones menores de cada signo) y las caras (divisiones de los signos en sectores de diez grados cada uno, similares a los decanatos).

Direcciones: Métodos para ubicar acontecimientos en el tiempo desplazando ("dirigiendo") los planetas y otros factores a nuevas posiciones y aspectos del horóscopo. Dicho desplazamiento puede derivarse de la rotación diaria de la tierra/cielo en las horas siguientes al nacimiento (direcciones primarias) o de los movimientos planetarios a lo largo de la Eclíptica durante los días posteriores al nacimiento (direcciones secundarias o progresiones). Un nuevo desarrollo de esta técnica consiste en progresar el MC hacia el "arco solar" (véase abajo). Las secundarias son sencillas y muy potentes, y se han convertido en el método principal de la práctica moderna. Han sido utilizadas en el presente libro (vea las págs. 109-111). Existen diversas técnicas subsidiarias:

- **Direcciones del Arco Solar**: Se suma el arco de la progresión secundaria del Sol para una fecha determinada a todos los demás factores del horóscopo. Este método suele usarse en EE.UU.
- **Direcciones terciarias**: Se cuentan los meses lunares posteriores al nacimiento como equivalentes a años de vida.
- **Direcciones simbólicas:** Se suman incrementos fijos a los factores del horóscopo por cada año. Se las denomina "simbólicas" porque el incremento no se deriva directamente de los movimientos astronómicos. En el uso más frecuente, se aplica un grado por año. La técnica horaria tradicional utiliza una clase de dirección simbólica según la cual un grado equivale a un año, mes o día, de acuerdo con el contexto.

Efemérides: Publicación en la que aparecen las posiciones planetarias y otros datos, como la latitud, la declinación y la hora sidérea (hora estelar), sobre una base diaria, generalmente confeccionada para las 0 hs. o 12 hs. en Greenwich. Esta información es esencial a fin de elaborar el horóscopo.

Elementos: Fuego, tierra, aire y agua son las cuatro naturalezas fundamentales en las que se agrupan los doce signos del zodíaco (pág. 53). El cómputo de la distribución de los siete planetas tradicionales entre los elementos revela el equilibrio de elementos en el horóscopo, o la preponderancia o ausencia de uno de ellos. El elemento del Ascendente agrega datos al cuadro global. Los amigos y cónyuges suelen compensar la ausencia absoluta de un elemento; por ejemplo, si en el horóscopo de una persona falta la tierra, quizá este elemento sea preponderante en sus amigos o pareja.

Horóscopo: Diagrama de los cielos elaborado para un tiempo y espacio determinados. En él se muestra el zodíaco, los planetas, los signos que se elevan y culminan y las doce casas. Suele llamárselo carta, mapa o figura (vea las págs 81-85).

Horóscopo horario: El efectuado para el momento y lugar en que se le formula una pregunta específica al astrólogo (vea págs. 120-125).

Katarche: Astrología de las iniciativas; incluye la técnica horaria, el decumbitur, las elecciones y los inicios. Estas cartas se elaboran para momentos diferentes al del nacimiento a fin de ver qué iniciativa conviene tomar en la situación dada.

Nodo: Intersección de la órbita de un planeta con el plano orbital del Sol alrededor de la Tierra, la Eclíptica. Sólo los **nodos lunares** se emplean en la astrología común (pág. 80). Los eclipses de Sol y de Luna tienen lugar debido a una alineación de la Tierra, el Sol y la Luna que forma un nodo en la intersección con el plano de la Eclíptica.

Orden caldeo: Orden de los planetas en sus distancias aparentes y sus consiguientes velocidades según el punto de vista geocéntrico (desde la Tierra). El orden caldeo se refiere solamente a los planetas tradicionales, desde Saturno hasta la Luna (pág. 14).

Parte de la Fortuna: Las partes o lotes son ubicaciones teóricas en el zodíaco, obtenidas mediante una ecuación que abarca tres factores simbólicamente adecuados, de los que por lo menos uno suele ser una cúspide. Los árabes señalaron diversas partes, como la Parte del Matrimonio y la Parte de la Muerte. La Parte de la Fortuna, o la Fortuna, tiene sus orígenes en la astrología primitiva y se la sigue utilizando con frecuencia. Se la calcula sumando la longitud de la Luna a la del Ascendente y restando la del Sol. Esta operación ubica a la Parte de la Fortuna a la misma distancia en grados del Ascendente en el zodíaco que separa a la Luna del Sol. Esta zona es afortunada porque combina los poderes del Sol con los de la Luna y los transporta hasta la Tierra a través del horizonte (Ascendente). El símbolo de la Parte de la Fortuna también se usa en astronomía para representar la Tierra ⊕.

Progresiones: Una de las principales formas de mediciones temporales o **direcciones,** en la que las posiciones de los planetas en cada día posterior al nacimiento simbolizan las situaciones de cada año de la vida. Se las emplea tanto para confirmar la interpretación que hace el astrólogo del simbolismo derivado de los acontecimientos del pasado como para predecir la evolución futura (págs. 109-111).

Puntos medios: Técnica desarrollada originariamente en la astrología alemana moderna. El punto medio del zodíaco entre dos planetas o factores cualesquiera del horóscopo representa las energías de dichos factores. Este método suele prescindir de los signos del zodíaco y las casas intermedias. Un método común de sinastría basado en este enfoque es el de la **carta compuesta**, en la que se halla el punto medio para cada planeta y cúspide entre dos horóscopos (p.ej., se busca el punto medio del Sol de cada persona, luego el de la Luna, etc.) El compuesto simboliza la relación.

Quirón: — planetoide —quizá se trate de un cometa atrapado— ubicado entre las órbitas de Saturno y Urano. Se han publicado efemérides de este astro. El fenómeno Quirón produce gran entusiasmo entre los astrólogos, para quienes simboliza el sanador herido.

Muchos tradicionalistas se resisten a aceptar su influencia. Como ocurre con los **asteroides,** aquí no se trata de averiguar si Quirón "funciona" o no, pues todos los factores concebibles por los astrólogos son capaces de generar simbolismos válidos.

Recepción mutua: Se da cuando cada uno de dos planetas se ubica en el signo que rige el otro; por ejemplo, Júpiter en Cáncer y la Luna en Sagitario (vea pág. 80).

Rectificación: Ajuste de la hora de nacimiento declarada a fin de obtener una hora de nacimiento que funcione de la mejor manera posible. Este proceso se vuelve particularmente necesario cuando no se conoce la hora exacta dentro de un margen de media hora, o cuando se la desconoce por completo. Se pone a prueba el horóscopo mediante mediciones temporales adecuadas con el objeto de que revele los acontecimientos del pasado que fueron más importantes en la vida del consultante. Una técnica antigua que aún se utiliza es la de la **Epoca Prenatal** (o Tridente de Hermes). Consiste en hallar un momento que reemplace la posición en grados del Ascendente o Descendente en el nacimiento por la de la Luna diez meses lunares antes del nacimiento, y que reemplace la posición del Ascendente o Descendente diez meses lunares antes por la de la Luna del nacimiento. Originariamente se creía que el momento obtenido coincidía con el de la concepción.

Retrogradación: Movimiento de retroceso aparente de los planetas a través de zodíaco (págs. 51 y 80).

Reubicación: Reelaboración de la carta natal con el objeto de adecuarla a un lugar relevante para el sujeto a fin de descubrir sus potencialidades en ese lugar (pág. 128).

Revolución: Regreso de cualquier planeta a la posición que ocupaba en el zodíaco en el momento del nacimiento (pág. 102).

Sinastría: Comparación de dos o más cartas a fin de hallar la compatibilidad entre ellas (pág. 132). También puede elaborarse una **carta compuesta** simbólica de una relación a partir de los puntos medios de factores comunes entre dos horóscopos.

Tránsito: Posición de un planeta que se encuentra en el cielo en ese momento respecto de otro planeta o factor del horóscopo (págs. 107-108). Los tránsitos suelen detonar factores temporales subyacentes, por ejemplo las progresiones.

Zodíaco tropical y Zodíaco sidéreo: La astrología occidental utiliza un zodíaco que comienza en el punto del equinoccio de primavera, mientras que la astrología hindú emplea un zodíaco asociado a las constelaciones de estrellas fijas (págs. 29-32). La diferencia en grados entre ambos se denomina **ayanamsa**.

Zodíaco de Glastonbury: Descubierto por Katharine Maltwood en 1925. Sus defensores creen que se trata de la Mesa Redonda del Rey Arturo. Está formado por figuras reflejadas en características geográficas, nombres de lugares y tradiciones locales de 16 kilómetros a la redonda de Glastonbury, Inglaterra. Se han descripto otras formaciones de tierra similares, especialmente una que se halla en torno a Kingston-upon-Thames.

Libros

El best-seller clásico de la astrología *pop* es **Los signos solares** (*Sun Signs*) de Linda Goodman (Pan); **Los secretos del cuaderno de un astrólogo** *(Secrets From a Stargazer's Notebook),* de Debbi Kempton-Smith (Bantam, 1984), constituye un inteligente y completo resumen de los planetas en los signos, con ejemplos de horóscopos y tablas planetarias.
Las ediciones ilustradas suelen ser ideales para los principiantes; si el lector es uno de ellos, pruebe el **Manual**

completo de astrología *(The Complete Handbook of Astrology)* de Jane Lyle (W.H Smith, Marshall Cavendish, 1992) que contiene una efemérides reducida e instrucciones para calcular cartas natales. El **Nuevo astrólogo completo** *(New Complete Astrologer),* de Derek y Julia Parker, es igualmente amplio.

Algunos de los mejores ejemplos de la práctica moderna se encuentran en las obras de Rob Hand, especialmente en **Planetas en tránsito** *(Planets in T ransit,* Para, USA). La más famosa y legible astróloga psicológica es Liz Greene. Entre sus libros se cuentan **Horóscopos para enamorados** *(Star Signs for Lovers),* **Relaciones** *(Relating)* y **Saturno** *(Saturn).* También recomendamos el libro de Maggie Hyde sobre la influencia de Jung en la astrología, **Jung y la Astrología** *(Jung and Astrology,* Aquarian, 1992).

Los que se interesen por la astrología médica tradicional, pueden leer **La astrología de Culpeper** *(Culpeper´s Astrology),* de Graeme Tobyn (Element, 1986). Sobre la astrología mundana, está el libro de ese nombre *(Mundane Astrology)* escrito por Baignet, Campion y Harvey (Aquarian, 1984).
En la **Historia de la astrología occidental** *(A History of Western Astrology)* de Jim Tseter (Boydell, 1987) y en **Astrología antigua** *(Ancient Astrology),* de Tamsyn Barton (Routledge, 1994), se hallarán datos históricos acerca de esta disciplina.
Para un análisis agudo de los resurgimientos victoriano y eduardiano, vea **Una confusión de profetas** *(A Confusion of Prophets,* Collins and Brown, 1992), de Patrick Curry. Su **Profecía y poder** *(Prophesy and Power,* Polity, 1989) constituye un valiosísimo estudio sobre la astrología y la sociedad en el período de la Guerra Civil inglesa.
Para mayor información sobre la disputa entre la astrología y la ciencia, véase **En defensa de la astrología** *(The Case for Astrology),* de John Anthony West (Arkana). **El momento de la astrología** *(The Moment of Astrology),* de Geoffrey Cornelius, se ocupa de la filosofía de la astrología e incluye un debate sobre la astrología como adivinación.

---

acerca de los autores

Geoffrey Cornelius es consultor en astrología con experiencia en adivinación y filosofía. Es autor de **El momento de la astrología** *(The Moment of Astrology,* Penguin/Arkana, 1994) y coautor de **El lenguaje secreto de las estrellas** *(The Secret Language of the Stars,* Pavilion, 1986).

Maggie Hyde es escritora, conferencista y consultora en astrología; en la actualidad vive en Londres.
Es autora de **Jung y la Astrología** *(Jung and Astrology,* Aquarian, 1992) y del best-seller **Jung para principiantes** *(Jung for Beginners)* (Icon, 1992), publicado en esta misma serie. Es además directora de la Compañía de Astrólogos, en Londres.

Christopher Webster (de Géminis) estudió pintura en Grimsby y Camberwell antes de dedicarse a las historietas. En sus comienzos publicó algunos títulos por su cuenta; luego se convirtió en uno de los pocos artistas británicos que trabajó para la editorial japonesa Kodansha. Desde entonces ha escrito y dibujado para las editoriales británicas Fleetway y Deadline, y en la actualidad trabaja en nuevos proyectos para D.C. Comics y Kodansha.